Wu Wei

Sei wie Wasser.
Folge dem Fluss des Lebens.
Triffst Du auf ein Hindernis,
Sei wie Wasser.
Umspüle es in jenem Moment, in welchem Du auftriffst.
So wie Wasser,
Sollst Du den Weg des geringsten Widerstandes gehen.
So wie der Fluss,
Sollst Du stetig und doch immer in Bewegung sein.
Dem natürlichen Lauf folgend,
Dein Ziel, das Meer als
Unerschöpfliches Reservoir der Liebe,
Immer vor Augen.
Sei wie Wasser.
Folge dem Fluss des Lebens.

(Gewidmet meinen beiden Töchtern
in unendlicher Liebe und Hingabe)

Joe W.O.L.F. / November 2011

Impressum

Verlag: Edition FreiRaum
2801 Katzelsdorf/Österreich
T +43 650 445 0000
www.zentrum-freiraum.at/editionfreiraum

1. vollständige Ausgabe

WU WEI IN NEW YORK

Herausgeber: Edition FreiRaum

Lektorat: Edition FreiRaum

Umschlaggestaltung: Ing. Elisabeth Nurmal Khairi

Satz: Martin Gabriele

Coverbild: Joe W.O.L.F.

Druck und Bindung: digitaldruck.at, Leobersdorf/Österreich

Printed in Austria

ISBN 978-3-9503107-6-4

Der Autor „Joe W.O.L.F."

Sein *Körper* weilt seit mittlerweile 40 Jahren auf dieser Welt. Vom angeborenen Herzfehler über unzählige Knochenbrüche, Augenoperationen, schweren Rückenverletzungen bis hin zum Schlaganfall wurde dieser auf Zähigkeit und Willensstärke getestet.

Heute nach seinem letzten großen Schicksalsschlag vor drei Jahren, hat er die Signale von Krankheiten und Verletzungen für sich neu interpretiert und lebt ein zufriedenes und gesundes Leben im Einklang mit seiner äußeren Hülle.

Sein *Geist* erhielt die einzigartige Möglichkeit vor 3 Jahren noch einmal neu geboren zu werden. Diese Wiedergeburt eröffnete ihm die Möglichkeit sein „altes" Leben wieder mit den Augen eines Kindes betrachten zu dürfen.

Seit diesem Zeitpunkt sind Liebe und Mitgefühl in das Zentrum seines Tuns gerückt. Deshalb sieht er seine Berufung heute darin, diese für ihn „einzig wahre Lehre" zu verbreiten.

The purpose of life is to be happy!

Und dieses Glück mit anderen Menschen teilen zu dürfen, ist sein persönlicher Auftrag.

„Wenn du dir selbst helfen willst, hilf anderen"!

Hat dieser Name eine bestimmte Bedeutung?

Joe Wolf ist eine reale, lebende Person. Alle in diesem Buch niedergeschriebenen Geschichten beruhen auf einem der Wahrheit entsprechenden Tatsachenbericht. Seinen Namen erhielt er, wie viele seiner Eingebungen, in einer Meditation. Man könnte ihn auch als „modernen" Krieger bezeichnen. Viele seiner Erfahrungen entspringen dem „physischen" Kampf, welchen er analysiert und in die Sprache des „spirituellen" Kriegers transformiert.

Deshalb auch der Name JOE

W Warrior
O of
L Love and
F Freedom

Ist Joe Wolf ein erfolgreicher Mensch?

Betrachtet man den *äußerlich*, sichtbaren Erfolg, gemessen an Besitz und Reichtum, ist er in der glücklichen Lage behaupten zu dürfen, dass er seine Berufung in Balance mit seinem Leben gebracht hat und dafür reichlich entlohnt wird. Dies beschert ihm ein angenehmes Leben, in welchem er materielle Dinge als vorübergehende Leihgabe betrachtet.

Wenn es für sie wichtig sein sollte, Erfolg an äußerlichen Statussymbolen zu messen, lesen sie dieses Buch auf jeden Fall zu Ende!

Innerlich besitzt er den größten Schatz, den ein Mensch in seinem Leben jemals erhalten kann.

„Frieden".

So ist Joe Wolf, wenn man so möchte ein erfolgreicher Mensch, der sich durch harte Arbeit, Mitgefühl, Vergebung und Liebe allen Herausforderungen des Lebens stellt, in dem er sie so annimmt wie sie auf ihn zukommen.

Denn, nicht was man in den Händen hält, sondern das, was man im Herzen trägt, erhöht den Wert eines Menschen!

About „Wu Wei in New York“

Sollten sie die nachfolgenden Zeilen mit Aufmerksamkeit lesen, werden sie bestimmt die eine oder andere Lebensweisheit mit Sicherheit schon einmal gehört haben.

Meine Geschichte basiert auf einem Tatsachenbericht und hält sich an eine Sammlung „weiser Sprüche“, welche ich über die letzten 13 Jahre von Freunden, Bekannten und Mentoren angesammelt habe. Ebenso haben viele namhafte Schriftsteller mit ihren Zitaten dazu beigetragen meine Sammlung für dieses Buch zu vervollständigen. Ich bedanke mich für die Leihgaben und weise mit Fußnoten immer auf den Verfasser am Ende des Buches hin.

Zur einfacheren Orientierung, habe ich die Erzählweisen in drei Hauptbereiche unterteilt. Die Bedeutung dieser hier kurz zusammengefasst:

Normal Schrift:
Analytische Erklärungen und Erzählungen aus meinem Erfahrungsschatz

Kursive Schrift:
Tagebuchberichte und gedankliche Rückblenden

Normal Schrift mit Rahmen:
Beispielberichte. Zum Teil erfundene, zum Teil wahre Geschichten zur besseren Orientierung zu den diversen Kapiteln

„Unter Anführungszeichen mit Fußnote“ [n]
Weisheiten, welche mich zu den Kapiteln inspirierten und mich zu meinen Taten ermutigten. Die Quellen und Querverweise sind am Ende des Buches zu finden.

„Du bist nicht besser als die anderen, allerdings auch nicht schlechter"!

Dieser Ausspruch stammt aus einem meiner Lieblingsfilme mit Nick Nolte in dem er seinem „Schüler" die Bedeutung des Egos vor Augen führt. Was das mit diesem Buch zu tun hat?
„Nach drei Monaten der Selbstreflexion befindest du dich auf einer anderen spirituellen Ebene als viele deiner Gesprächspartner. Das solltest du bedenken!" Das waren die Worte meines Freundes, als ich ihm nach dem Rückkehr meiner Reise mein Leid klagte, dass ich mich von vielen meiner bis dato sogenannten Freunde missverstanden fühlte.

Bin ich jetzt anders als die anderen? Nein, bin ich nicht, und wahrscheinlich ergeht es mehreren Menschen ähnlich, wenn sie sich nach ihrer „Auszeit" wieder in den „Alltag" integrieren möchten.

Aus diesem Grund wurde dieses Buch auch unter dem Pseudonym „Joe Wolf" veröffentlicht. Es war niemals die Absicht mein Ego zu streicheln oder es einfach von anderen Menschen streicheln zu lassen. Es ist mein Wunsch „Suchenden" Wege aufzuzeigen, die oftmals eine Bereicherung und Inspiration für sie sein können. Beschreiten müssen sie diese jedoch selbst. Allerdings ist es gut zu wissen, dass man mit manchen dieser Erfahrungen nicht alleine ist.

Dieses Buch entstand aus dem Gefühl, etwas „loswerden zu wollen". In diesem Fall eben auf eine Art, welche gefallen mag, oder auch nicht.

„Ob ich jetzt als Buchautor etwas „Besseres" bin als alle anderen?", Nein, allerdings auch nichts Schlechteres, es gibt mir einzig die Möglichkeit **sie** an etwas **Besonderem** teilhaben zu lassen!

Viel Vergnügen! Ihr Joe Wolf

Danke

Von ganzem Herzen danke ich:

Meinen beiden Töchtern für ihre Geduld und ihr Vertrauen in mich.
Ich liebe euch über Alles.

Meinen Eltern!
Sie haben mich in diese wunderbare und spannende Welt gesetzt.

Meiner Freundin, welche mich mit ihrer Geduld und ihrem Verständnis jede Sekunde unterstützte und mir auch in manch schwierigen Zeiten Kraft gegeben hat.

Meinen Freunden C., P., G. M. und Cái

All meinen Mentoren, die mich auf unterschiedlichen Abschnitten meiner Reise durch dieses spannende Leben bis jetzt begleitet haben.

Michael, dessen Glaube mich auf meinen Weg zurückbrachte.

Martin und Desi, ihr seid 2 besondere Menschen mit großen Herzen
(Amituofo brother)

All jenen, die ich namentlich nicht genannt habe, spreche ich ebenso meinen tiefsten Dank aus. Ihr habt mir mit euren Erfahrungen sehr viel Stoff für die nachfolgenden Zeilen geliefert. Danke für eure Freundschaft.

Gott gab mir seinen Segen auf dieser Reise, so wie auch in meinem Leben.
Buddha beschenkte mich mit Ruhe und Gelassenheit!

New York City, Dec. 2010

Intro

Es lebe die Welt des Internets. Wireless immer und überall machen es auch mir möglich, hier am Big Apple sitzend, in die Tasten zu hämmern. Über die Qualität des Kaffees bei Starbucks möchte ich nicht wettern, jedoch bin ich in meinem Land der Berge und der Kaffeehauskultur auch anderes gewöhnt als "Colered Water".

Egal, nun bin ich schon einmal tausende Meilen über den großen Teich geflogen, habe mich meiner Herausforderung „nicht in Dinge einzugreifen" gestellt, und möchte meine Erfahrungen gerne mit ihnen teilen.

Handicaps

1971 tat ich mein Bestes um die Weltbevölkerung um einen Erdenbürger zu erweitern. Ebenso hob ich die Statistik der Kinder mit angeborenem Herzfehler. Dieser machte mir als Kind, welches sich immer gern viel bewegen wollte, das Leben nicht gerade leichter. Ich durfte mich nie zu sehr anstrengen oder zu schnell laufen. Das von mir so ersehnte Training im örtlichen Fußballverein war sowieso strengstens tabu. Zahlreiche Knochenbrüche im Kindesalter und eine Schädelbasisfraktur im Alter von elf Jahren, hüllten meine Eltern in eine Wolke voller Anspannung und Sorge um mich.

Mit 12 Jahren konnte mein Vater allerdings nicht mehr gegen meinen Drang, Kampfkunst zu erlernen, gegenhalten. "Wenn ich groß bin werde ich einmal Kung Fu Meister." Diese Vision hatte ich damals, wie wahrscheinlich viele andere Jungs meines Alters. Inspiriert von diversen Hongkong-Movies, landete ich dann schlussendlich in einem Kampfsportverein, welcher auch mein zukünftiges Leben stark beeinflussen sollte. Die hinter den asiatischen Kampfkünsten stehende Philosophie würde meinen Charakter prägen und somit großen Einfluss auf mein Leben haben. Allerdings um ehrlich zu sein, interessierten mich Buddha und Co. zu diesem Zeitpunkt weit weniger, als die akrobatischen Luftsprünge der unzähligen asiatischen Schauspieler.

Mit 16, zur Überraschung meiner behandelnden Ärzte absolvierte ich sogar einen Leistungstest, der mich dazu befähigte, Teil des Nationalteams meines Landes zu werden. Dies war zum damaligen Zeitpunkt eine der größten Ehren, die mir zu Teil wurden. Darauf folgten nationale und internationale Erfolge.

Ein Leben voll Glück und Segen

Danach ging es Schlag auf Schlag. Heirat mit 25. Erstmals Vater mit 27. Zum selben Zeitpunkt machte ich mich mit meinem heißgeliebten Hobby, der Kampfkunst, selbständig.

Ebenso schaffte ich für meine Familie ein eigenes Zuhause. Ein kleines süßes Reihenhaus in der Peripherie der nächsten größeren Stadt. Damals, so schien es, lief alles wie von selbst. Ich machte mir weder Sorgen, noch ließ ich mich durch irgendwelche Zweifler aufhalten. Nichts konnte mich von meinem Weg abbringen.
Wie ich das alles zustande gebracht habe, weiß ich heute ehrlich gesagt nicht mehr. Was ich allerdings weiß ist, dass diese Zeit, obwohl es umgekehrt hätte sein sollen, eine sorgenfreie war. Ich folgte einem Traum. Meine eigene Kampfsportschule mit mir als „Kung Fu-Meister". Ich war von Dingen überzeugt, von denen ich oft der Einzige war, der an sie glaubte. Alles lief sozusagen wie geschmiert. Meine Batterien waren mit einhundert Prozent Energie geladen, meine Ausdauer gewaltig und mein Durchhaltevermögen sensationell. All das, schöpfte ich aus der Kraft des Vertrauens. Des Vertrauens in meinen Traum und meine Fähigkeiten.
An diesem Höhepunkt wurde zwei Jahre nach unserer ersten Tochter, unser zweites Mädchen geboren. Wir waren eine Familie wie aus dem Bilderbuch. Und das Interessante daran, wir taten nicht nur so, wir waren authentisch. Wir lebten, hatten Spaß und genossen das Leben in vollen Zügen.

Zum damaligen Zeitpunkt lag mein beruflicher Schwerpunkt beim Thema Selbstverteidigung. Mein Körper war mein Kapital. Und meine Überzeugung ließ mich nicht einmal davon abhalten, auch in meiner Freizeit, teils gefährliche, sportliche Experimente durchzuführen. Erschwert wurde die Situation auch noch durch meine Augenkrankheit. Im Alter von 29 ließ ich die lange hinausgezögerte, erste, von insgesamt drei Augenoperationen über mich ergehen. Teilweise habe ich meinen Arzt sogar belogen, oder besser nicht die ganze Wahrheit über meinen Job erzählt. Ich kannte seine Antwort: "Suchen sie sich bitte etwas anderes, jeder Schlag kann bei ihnen sprichwörtlich ins Auge gehen". Niemals machte ich mir Sorgen darüber, im Gegenteil ich war dankbar für meine

Sorglosigkeit und lebte mein Leben. Er war nicht der Einzige, ebenso rieten mir mein Internist und einige Orthopäden meinen Job zu wechseln, da ich diesen, mit Sicherheit nicht lange in dieser Form ausüben könne.

Zweifel und „The self-fulfilling prophecy"

Schließlich kam der Tag, an welchem ich einen kleinen Raum für Zweifel offen ließ. Von diesem Zeitpunkt an, begann sich mein Leben sprunghaft zu ändern. Diese vorerst kleinen, nichtig erscheinenden Zweifel schlichen sich in mein System ein und begannen sich dort in rasender Geschwindigkeit auszubreiten. Bis sie schließlich ihr Ziel erreichten. Ich begann an mir, meinen Fähigkeiten und meinem Weg zu zweifeln.

Von diesem Moment an ging es ebenso rasant bergab, wie es anfänglich bergauf gegangen war. Die Verletzungen häuften sich, und somit auch die Besuche bei Ärzten und Therapeuten. Regelmäßige Krankenhausaufenthalte, Umsatzeinbrüche und als vorerst genanntes „End of the Game", ein Schlaganfall im Alter von 36 Jahren, unmittelbar gefolgt von einem Motorradunfall nach der Rekonvaleszenz-Phase.

Das Leben hatte mir anscheinend etwas zu sagen! Also, tat ich, was mir bis zu diesem Zeitpunkt, aufgrund meiner hektischen Lebensweise unmöglich erschien. Ich begann zuzuhören!

Ich akzeptierte, dass sich meine Art zu leben von Grund auf ändern musste. Da ich nun körperlich gehandikapt war, verbrachte ich den Großteil meiner Zeit mit Lesen. Beginnend von Fachliteratur über Religion bis hin zu bekannten philosophischen Werken verschlang ich alles, was mir in die Hände kam und füllte sozusagen meine „physische" Lücke mit „geistigem" Training auf.

Ich wusste, dass ich der Kampfkunst, selbst wenn sie mich in diese schier unlösbare Lage manövriert hatte, niemals den Rücken zukehren würde. Diesmal entschied ich mich für den herkömmlichen Weg eines Studiums. Anstatt wie früher, zuerst meine Erfahrungen in der Praxis zu machen, begann ich mir die Basics in der Theorie anzueignen. Fachliteratur verschlang ich mit demselben Enthusiasmus, mit dem ich als Jugendlicher meine Kampfsportübungen machte. Ich lernte die Strategien der großen Meister und deren Trainingsmethoden kennen. Kinesik, Psychologie und Basics der Wirtschaftslehre wurden zu meinen ständigen Wegbegleitern.

Um es mit Konfuzius‘ Worten zu sagen, entschied ich mich für den „Weg des Nachahmens“ [1] und lernten aus den Erfahrungen die bereits andere für mich gemacht und dokumentiert hatten.

Die Veränderung

Mit der Bereitschaft Neues zu lernen, änderte sich ebenso mein Bekanntenkreis. Durch meine “Mentoren”, wurden mir wiederum viele neue Blickwinkel eröffnet. Langsam begann ich mein Leben wieder zu akzeptieren. Ob ich das zuvor nicht getan habe? Nein, es schmerzt das sagen zu müssen, allerdings realisierte ich diesen Umstand erst so richtig, nach meinen gravierenden Schicksalsschlägen. Manchmal ging es sogar bis zum Verlust der Selbstachtung. Ich mochte mich nicht mehr, konnte was ich tat, nicht mehr vertreten, ich war nicht mehr der, der ich sein wollte. All das geballte Wissen, welches ich mir in kurzer Zeit angeeignet hatte, forderte jetzt seinen Tribut. Es ließ mich über mein „altes“ Leben reflektieren und ich erkannte die fehlende Authentizität, sowohl in meinem beruflichen als auch privaten Tun. Vieles, das ich erst jetzt sehen konnte, stimmte mich nachdenklich und ich wusste, dass mein zukünftiger Weg eine Richtungsänderung mit sich bringen würde.

Gesundheit und Familie waren meine wichtigsten Besitztümer. Meine größten Schätze, wenn man so möchte. Aus den vergangenen Ereignissen hatte ich gelernt, dass gerade die Dinge, welche man am meisten befürchtet, auch eintreffen.

Angst ist der gleiche Magnet wie Liebe. Einfach nur im negativen Sinn. Somit kam, was kommen musste. Die Beziehung zu meiner Frau, welche ich heute noch sehr schätze, war einfach nicht mehr dieselbe wie vor 15 Jahren. Ich war nicht mehr der Selbe. Durch die veränderte berufliche Situation kam eine weitere Angst zum Vorschein. Ich hatte das Gefühl meine Familie nicht mehr ernähren zu können. Die daraus resultierende

Existenzangst ließ mich so stark an meine Beziehung klammern, dass ich ihr keine Luft zum Atmen ließ.
Im Juli an einem ebenso warmen Sommertag an dem wir geheiratet hatten, ließen wir uns nach zehn Jahren Ehe, scheiden. Ich fiel in ein tiefes Loch. Verglichen damit, waren all jene, durch körperliche Rückschläge hervorgerufenen Schicksalsschläge, eine Kleinigkeit.

„Wenn du am Rande des Lichts stehst, und einen Schritt ins Unbekannte machen musst, wird folgendes geschehen:

Entweder stößt du auf etwas Solides, das dir Halt gibt, oder
du lernst zu fliegen.“ [2]

Dieser Ausspruch umschreibt wohl am besten die Tatsache, warum ich trotz diesem, für mich größten Schicksalsschlag in nur kurzer Folge, nicht mehr allzu tief gefallen bin.

„Meine frisch angewachsenen Flügel gaben mir, trotz einer starken Verwurzelung mit der Vergangenheit, die Möglichkeit wieder „neu“ fliegen zu lernen.“ [3]

Tja, und jetzt sitze ich hier in New York City, in einem Starbucks Café am Broadway, gewöhne mich nur langsam an die amerikanische Tastatur und …

… erfülle mir nach sehr langer Zeit wieder einen Traum!

Ich lade sie herzlich zu meiner Reise ins Ungewisse ein. Folgen sie mir und dem Lebensprinzip des Wu Wei, kombiniert mit vielen bekannten Weisheiten, durch die Stadt, die niemals schläft.

JFK International Airport New York City,

December 24th, Christmas Eve

„The basis is the top and the top is the basis!" [4] *Das ist eine von vielen Weisheiten, die ich von meiner Reise nach New York mitgenommen habe. Mein Lehrer „Sifu Shi Yang Ming", seines Zeichens Shaolin Mönch der 34. Generation, verwendete ihn sehr oft, um uns auf die Wichtigkeit des Grundsätzlichen hinzuweisen. Wie viele der anderen nachfolgenden Aussprüche, ist auch dieser im täglichen Leben anwendbar. „Wenn du einen Wolkenkratzer bauen möchtest, solltest du ihn auf einem soliden Fundament errichten!"*
Der Grund warum ich diesen Ausspruch verwende ist jener, dass ich dessen Bedeutung mit dem nachfolgenden Spruch assoziiere: „Jedes Ende bedeutet einen Neubeginn". Deshalb beginne ich mit dem Ende meiner Geschichte, einer wunderbaren, und sehr lehrreichen Reise, welche mit einem Traum begann.
Im Moment jedenfalls, sitze ich in der Wartezone meines Gates und schreibe mein letztes und gleichzeitig erstes Kapitel, während meine beiden Kinder wahrscheinlich gerade eben vor dem Weihnachtsbaum stehen und „Stille Nacht" singen. Sie wissen noch nicht, dass ich (bzw. meine vorverlegte Heimreise) deren Weihnachtsgeschenk bin.
Meine Bescherung hat bereits stattgefunden. Ich wurde reichlich mit Freundschaft, Vertrauen und Liebe beschenkt. Und all das, weil ich den Mut aufbrachte einem Traum zu folgen, und immer das Vertrauen in das Gute hatte.

Merry Christmas!

© edition FreiRaum 2011
Ausschnitt Buddha im Seminarraum FreiRaum
Künstlerin: Gerti Mauch

Wie ein Traum entsteht

In diesem Fall auch „intuitive Sehnsucht oder Wunsch"

„Träume sind die Sprache Gottes." [5] Diesen Satz umgibt eine wunderschöne Geschichte, welche ebenso wie meine ihren Anfang mit einem Traum nahm. Sie stammt aus einem meiner Lieblingsbücher, in dem der Protagonist, ein junger Schafhirte, seinem immer wiederkehrenden Traum folgte und dabei einfach nur auf die Zeichen achtete, welche sich ihm auf seinem Weg offenbarten. So wie er, tat auch ich mir schwer, aus meinem scheinbar sicheren Leben auszubrechen und mich auf ein Abenteuer einzulassen, von welchem ich den Ausgang nicht kannte. Fest stand für mich nur eines: Dieser Traum wollte erfüllt werden.

Ich musste mich von meinen Zwängen und Ängsten loslösen, um weitere Antworten und Zeichen auf meinem Weg zu erhalten. Dies tat ich auch, indem ich mich an jenen Spruch hielt, den ich für mich dann so klar definierte, dass er mir als ein erstes Zeichen meines zukünftigen Weges dienen konnte.
„Wenn du etwas fangen willst, solltest du es vorher loslassen" [6] las ich bei meinem Freund als ich in sein Wohnzimmer trat und er mir voll Stolz seine chinesische Kalligraphie präsentierte, welche er kürzlich aus dem Internet erstanden hatte.

Dies tat ich auch und schon nahm das Schicksal seinen Lauf. Ich ließ alle mir selbst auferlegten Zwänge, sei es in materieller oder auch emotionaler Form, gehen. Ebenso die damit einhergehenden Ängste.

Allerdings musste ich dafür zuerst meine, mich permanent störenden Gedanken loswerden. Ich wollte wissen, wie es in Zukunft für mich und mit mir weitergehen sollte. Und ständig hämmerte die Frage (die sich meiner Meinung nach jedes menschliche Individuum stellt) in meinem Kopf: „**Was will ich wirklich?** Gibt mir dieser Traum die Richtung vor, welche ich zukünftig einschlagen sollte?"

Das Interessante an dieser Vorgehensweise ist, dass man bei der sogenannten Zielsuche zu oft den eigenen Fokus nur auf ein Ziel richtet und dabei darauf vergisst, die am Weg befindlichen Gelegenheiten zu erkennen. Wie oft lassen wir uns von äußeren Einflüssen in Form von Zweifeln bei unserer Zielverfolgung ablenken? „Jetzt geht's halt nicht, ich kann es ja auch noch später machen, wenn …"

Sollten sie es dennoch schaffen dranzubleiben, sind sie auch sehr oft mit dem Begriff der „Verbohrtheit" konfrontiert. Übertriebene Selbstdisziplin verhindert, dass spontane Gelegenheiten als solche erkannt und genützt werden. „Heute nicht, ich MUSS noch …"

Diese Theorie können wahrscheinlich Hobby-Läufer und -Radfahrer bestätigen. Wenn sich eine längere Steigung auf ihrer Strecke befindet und sie ihre Zeit verbessern möchten, dann werden sie nicht auf die Blumen schauen, die sich am Wegrand in voller Pracht entfalten und die Blütenblätter dem Himmel emporstrecken. Sie werden ihren Fokus eher auf das Ende der Steigung richten, nach oben, wo es wieder flacher wird. Nach dem Anstieg beruhigt sich ihr Atem und sie können wieder etwas entspannter weiterlaufen, bzw. fahren.

Für alle Nicht-Läufer und -Radler: „Ja, die paar Jahre drück ich schon noch durch. Egal, auch wenn ich mich jeden Tag in die Firma quälen muss. In der Rente wird dann endlich alles besser, dann erfülle ich mir meine Träume. Dann gibt es auch nichts, was mich mehr davon abhalten kann."

So hat jeder seinen kleinen Hügel im Leben und den Fokus zu oft auf das Ziel gerichtet. Wenn dieses erreicht wird, wird ja bekanntlich alles besser. Diese Theorie widerspricht allerdings ganz mächtig meinem Philosophielehrer, Herrn Konfuzius. Er weilt zwar schon seit längerer Zeit nicht mehr unter uns, aber ein paar weise Sprüche hat er zu seinem Gedenken doch hier gelassen. Und wer Konfuzius bis jetzt noch nicht kannte, kennt sicherlich den Spruch: „Der Weg ist das Ziel" [7] und ich ergänze ihn noch mit dem Zusatz: **Das Leben findet jetzt** und **hier** statt!!!

Somit sollte es niemals um die Zielerreichung gehen. Bitte aufgepasst, ich möchte aus niemandem einen Tagträumer machen, der einfach nur planlos in den Tag hineinlebt. Nein. Pläne haben im Leben eine sehr wichtige Bedeutung. Sie sind der Startschuss der uns in Bewegung bringt. Wenn wir dann auch noch auf die Blumen am Wegrand achten, die uns die Natur als

Geschenke hingestellt hat und wir das Pflücken dieser als "Gelegenheiten" bezeichnen, bereit sind spontane Umwege einzuschlagen, dann haben wir das Prinzip von Konfuzius nicht nur verstanden, sondern auch verinnerlicht.

Um sich nun seiner Ziele/Träume klar zu werden, sollte man sich zuerst einmal etwas sehr Wichtiges gönnen: RUHE. Ohne Ruhe und Abstand werden unsere Ziele/Träume hauptsächlich von unserem Verstand erzeugt. Wo wir wieder bei dem eingangs erwähnten Zweifel wären. Wenn wir Dieses oder Jenes haben, dann entsprechen wir den Vorstellungen von Dem oder Denen. Zu verwirrend?

Ok, dann folgen sie mir auf eine kleine Gedankenreise.

Frank träumt von einer Weltreise. Schon als Junge wollte er auf einem Segelschiff anheuern, machte allerdings auf Anraten seines Vaters vorerst eine kaufmännische Lehre bei einem Bekannten im Nachbarort. „Auf Weltreise kannst du danach immer noch gehen. Zuerst erlerne einen Beruf!" In einem der Sommerurlaube in Italien, lernte er durch Zufall einen Mann kennen, der nur wenige Meter vor ihm gehend, sein Portemonnaie verloren hatte. Frank brachte es ihm nach und die Beiden machten sich miteinander bekannt. Dieser Mann war mit seinem Schiff seit vier Jahren auf allen Weltmeeren unterwegs und in diesem Hafen auf der Suche nach mitreisenden Abenteurern, die bei ihm anheuern konnten. Einfach um Kosten und Arbeit zu teilen. Zu diesem Zeitpunkt war Frank kurz vor dem Ende seiner beruflichen Ausbildung und **konnte** diese Gelegenheit - **noch nicht** - nutzen. Wieder zuhause angekommen, widmete er sich seinem gewohnten Leben. Heute kann er stolz auf das von ihm Geschaffene zurückblicken. Ein Arbeitsplatz ganz in der Nähe seines Wohnortes, ein kleines Haus am Stadtrand, ein Auto und 2 Urlaube im Jahr. Was will man mehr. Das ist doch was, hat nicht jeder!
„Ja stimmt, für eine gewisse Zeit ja, aber was wäre gewesen wenn ich damals.... Diese Frage wird er sich immer und immer wieder stellen, solange bis sie geklärt sein wird.

Das heißt jetzt nicht, dass man alles liegen und stehen lassen soll und sich einen Kindheitstraum erfüllen muss um im Leben voranzukommen. Es bedeutet nichts anderes, als zu verstehen, dass das Leben immer und immer wieder Gelegenheiten anbietet, die wir vor lauter Hektik, selbstauferlegter Pflichterfüllung und Komfort-Verhalten nicht mehr erkennen können. Diese Träume wollen früher oder später in irgendeiner Form erfüllt werden. Und wenn es, wie im Fall von Frank, ein vierwöchiger Segeltörn ist, den er sich mittlerweile leisten könnte, allerdings jetzt darauf wartet bis er endlich in Rente geht, denn dann wird ja …

Unsere Träume sind allgegenwärtig. Sie umschwirren uns Tag für Tag. Wir sollten uns nur einmal die Zeit nehmen sie auch als solche zu erkennen. Dabei spreche ich noch nicht einmal vom Erfüllen. Ich bleibe vorerst einmal beim Erkennen eines Traumes. Viele Menschen trauen sich oftmals gar nicht "davon" zu träumen.

Haben sie die Redewendung "Das kann ich mir nicht einmal in meinen kühnsten Träumen vorstellen" schon einmal näher betrachtet? Sie besagt nichts anderes, als dass man oft nicht einmal mehr den Mut dazu aufbringt, über absurde Träume nachzudenken. Denn das funktioniert ja sowieso nicht. Ja, richtig es funktioniert nicht auf unsere Art und Weise, so wie wir uns vielleicht das **Wie** vorstellen. Ein Traum sucht sich immer seinen „eigenen" Weg, um in Erfüllung zu gehen. Manches Mal eben auch die ungewöhnlichsten Wege. Paradox, aber so ist es nun mal mit Träumen. Je mehr man an deren Erfüllung festklammert, je mehr man den Prozess der Erfüllung beeinflussen will, desto weniger kann sich das Schicksal entfalten und desto weniger werden Gelegenheiten auftauchen, von denen man, wie gesagt, nicht einmal zu träumen wagte.

Also, nur Mut beim Träumen und vor allem **Ruhe** und Gelassenheit. Und wenn sich der Verstand einschleichen sollte, werden sie es sofort spüren. Er projiziert uns Träume, die eigentlich als Wünsche des Egos bezeichnet werden sollten. Bitten sie ihn, dass er sich für eine Weile in den Stille-Modus begeben soll, und machen sie den Weg für ihre wahren Träume frei.

Die geführte Meditation

Nun saß ich also da, bei meinem, mittlerweile zum Freund gewonnenen „Therapeuten". „Ich habe keine Ahnung was ich machen soll Martin. Ich würde sagen, dass ich diese Sache mit der Trennung und dem Alleinsein so halbwegs in den Griff bekommen habe, aber jetzt auch noch das Berufliche. Das schaffe ich und will ich auch nicht mehr allein lösen. Ich möchte etwas an der jetzigen Situation ändern. Allerdings habe ich keine Ahnung was. Kannst du mir bitte helfen!"

Keine 10 Minuten später lag ich in Rückenlage, vollkommen entspannt, in seinem Behandlungsraum, der mir als Asien-Fan sehr entgegen kam. Buddha beobachtete mich mit seinen freundlichen Augen von der Seite und Martin saß vor mir. Mit seiner ruhigen Stimme nahm er mir jegliche Angst. Ich weiß ja, dass ich ein Kontrollfreak bin. Im Normalfall bin ich derjenige der auf der Seite des „Therapeuten" steht. Doch heute …

Eine geführte Meditation hat den Zweck, in die Tiefen des Unterbewusstseins einzutauchen und lange unterdrückte Träume und Wünsche ans Tageslicht zu befördern. "Erwarte dir keine von dir vorgegebenen Antworten. Vielleicht kommt ja etwas ganz anderes dabei heraus, als du dir bereits vorgestellt hast!" Und schon ging es los. Ich folgte ihm vom weißen Sandstrand, konnte sogar den warmen sandigen Boden unter mir fühlen, 144 Stufen aufwärts zu den zwei Tempeltoren, von denen sich das Eine, bestehend aus Edelmetall, in ein Bild verwandeln sollte. Dieses deutet mir den zukünftigen Weg, eine neue Richtung, eine Antwort. Es funktionierte. Und dann kam der große Augenblick. Ich stand vor dem Tor, meine Lösung, zum Greifen nahe, ja, endlich und ich sah …

… zu meiner Überraschung Dinge, die ich mir schon vorhin vorgestellt hatte. Eigentlich war ich gar nicht überrascht und fühlte mich auch ein wenig bestätigt. Es funktionierte doch nicht! „Ich hole mir hier keine neuen Erkenntnisse. Anscheinend bin ich zu verkrampft und kann einfach nicht loslassen und mich wirklich fallen lassen. All diese Meditationstechnik ist Humbug! Hatte ich es doch gewusst!" dachte ich.

Aber da ja das Aufgeben nicht zu meinen Stärken gehört, begann ich meinem Verstand, (obwohl ich paradoxerweise in meinem Beruf sehr friedvoll bin) den Kampf anzusagen. Alle Leser unter 14 überspringen jetzt bitte kurz den nachfolgenden Absatz!

"Verpiss dich jetzt endlich aus meinem Leben, ich hab schon genug von diesem Scheiß gesehen! Ich weiß, dass dies definitiv keiner meiner Träume ist, dessen Erfüllung ich mir wünsche! Das sind deine Projektionen, hau endlich ab!"

„Sollten sie sich jetzt die Frage stellen, ob ich nun meinen Verstand verloren habe, dem möchte ich hiermit antworten, dass ich seit 39 Jahren hart daran arbeite." [8]

Und siehe da, er verabschiedete sich und ließ mich gehen. Diese wirklich ernst gemeinte Konfrontation mit meinem Verstand, hatte mich sehr müde gemacht. Was liegt da näher, als der Boden, auf dem ich mich ja sowieso schon in Rückenlage befand. Also nickte ich ein. Es musste so um eine Stunde herum gewesen sein, die ich geschlafen hatte. Als ich meine Augen kurz öffnete, sah ich Martin, der noch immer in stoischer Ruhe vor mir saß. Ich schloss meine Augen erneut und plötzlich sah ich etwas, das überhaupt nicht in mein Vorstellungsgefüge passte. Ich sah mich im New York Shaolin Temple in Trainingsuniform, danach fand ich mich am Times Square in der 42nd Street wieder. Ich trug eine Winterjacke, was darauf hindeutete, dass es Herbst oder Winter sein musste. New York? Was hatte das zu bedeuten?

Martin verließ den Raum und ich beendete die Meditation alleine, so wie er mich zu Beginn angewiesen hatte.

© Joe Wolf 2011 - Times Square, 42nd St. Broadway

„Traum und Wirklichkeit Eins werden lassen“ [9]

Ich muss zugeben, dass ich von dem Ergebnis anfänglich etwas enttäuscht war. Es war einfach zu absurd, diese Vision in mein Leben zu integrieren. Schließlich war ich mit Leib und Seele ein Familienvater, der seine Kinder, trotz Scheidung, in Summe ein Drittel des Monats bei sich hatte. Ich war beruflich, wie viele andere, an Pflichten und Termine gebunden. Außerdem reichte mein Erspartes maximal für einen Kurztrip, den ich mir nicht leisten wollte. Einfach so viele Dinge, die mir Zweifel bereiteten, meine bereits getroffene Entscheidung jedoch nicht mehr beeinflussen sollten.

Ich musste darüber nachdenken.

Meine Bücher haben mich so wie meine Kampfkunstausbildung gelehrt, vor einer Herausforderung zuerst einmal (geistig) einen Schritt rückwärts zu machen. Einfach nur, um Abstand zu gewinnen, um den Blickwinkel zu verändern.

So drehte ich alle meine Telefone über das Wochenende ab, machte mir keine Verabredungen aus, und sperrte die Türe hinter mir zu.

Fragen ???

Für mich persönlich gibt es drei Arten um mit solchen Fragestellungen umzugehen:

1.) Ablenken

Ablenkung ist eine der gängigsten Varianten, einem Problem oder einer Fragestellung nicht ins Auge sehen zu müssen. Hier kann man sich übermächtig in die Arbeit stürzen, oder in eine neue Beziehung, oder sich ein Erwachsenen-Spielzeug kaufen (z.B. zwei- oder vierrädrige Sportfahrzeuge, passend zur Midlife-Crisis). Ich möchte hierbei niemandem zu nahe treten. Das sind ausschließlich meine persönlichen Erfahrungen.

2.) Aufschieben

Wenn Das eintrifft, dann wird Jenes geschehen. Die zuvor genannte Zielsetzungsvariante kann beim Auftreten von Problemen oft sehr hilfreich sein. Kurz bevor das eine Ziel erreicht wird, setzt man sich auch schon das nächste. So bleibt keine Zeit, um sich mit den wahren Problemen auseinandersetzen zu können/müssen. Nachteil: Es fühlt sich an, als würde man mit einem Bagger über einen Schotterplatz fahren. Wenn die Schaufel allerdings nicht irgendwann ausgeleert wird, geht´s nicht mehr weiter (Erkenntnis meines Vaters nach 50 Jahren Berufspraxis als Baggerfahrer).

3.) Ignorieren

Eine auch sehr beliebte Variante mit Problemen zu verfahren ist das Ignorieren. „Und wie geht es dir?", „Danke, gut, läuft alles super bei mir". Bushido (der Weg des Kriegers) sagt, dass die ehrenwerten Samurai im Gegensatz zu uns immer die Ehrlichkeit der Höflichkeit vorziehen. Wir machen es ja eher umgekehrt. Wir bevorzugen es, unehrlich zu sein (natürlich in erster Linie zu uns selbst), aber dafür bleiben wir für die Gesellschaft immer höflich. Ehrlich zu antworten mit: "Danke der Nachfrage, es geht mir schlecht", gehört nicht zu den gängigen Gepflogenheiten unserer Gesellschaft und würde auch gleichzeitig bedeuten, sich mit dem Problem jetzt und auf der Stelle auseinander setzen zu müssen.

In Shaolin sagt man: „Stoße die Tür, vor der du dich am meisten fürchtest, zuerst auf." [10] Und das ist auch schon die letzte, allerdings auch mutigste Variante um mit Fragestellungen, bzw. Problemen umzugehen. Face it!

Träume bahnen sich ihren Weg

Ohne es wirklich bewusst realisiert zu haben, hat mein Traum bereits schon vor einem Jahr begonnen, sich seinen Weg in mein Leben zu bahnen. Erst jetzt begriff ich, welche Vorbereitungen ich (ohne bewusst aus Absicht zu handeln) getroffen hatte. Viele der administrativen Belange waren schon bereit zur Übergabe. Meine Trainer, welche mich während meiner mehrmonatigen Abwesenheit vertreten sollten, warteten schon darauf, endlich Verantwortung übernehmen zu dürfen. Und meine Kinder....

Die hatte ich ebenso unbewusst durch diverse DVDs, welche wir uns immer gemeinsam ansahen, auf meine Abreise vorbereitet.

Jetzt ging es nur mehr darum den ersten Schritt zu setzen. Denn: „Jede 10 000 li lange Reise beginnt immer mit dem ersten Schritt" [11]

Mut – Absicht – Entschlossenheit

MUT

Konfuzius definiert den Mut (auf seine Art, immer andersrum) wie folgt: „Bemerken was Recht ist und es nicht tun, beweist Mangel an Mut". Somit würde es dann heißen: „Mut ist, das zu tun was Recht ist". Als Recht könnte man jetzt in meinem Fall bezeichnen, gegen die Vernunft zu handeln und dem Bauchgefühl endlich freien Lauf zu lassen.

ABSICHT

Von Absicht würde man dann sprechen, wenn Worte vor Taten folgen. Viele Menschen beabsichtigen etwas zu tun, wenn dies oder jenes eintrifft (mit dem Jahreswechsel höre ich dann endlich zu rauchen auf; ab nächsten Monat esse ich gesünder; usw.). Oft bleibt es bei den Absichten. Sie sind noch nicht zu Entschlüssen herangereift. Als persönlichen Tipp kann ich nur jedem mitgeben, seine Absichten immer für sich zu behalten, denn: „Worte, die nicht zu Taten werden, bringen die Pest!" [12]

ENTSCHLOSSENHEIT

zeigt sich dann, wenn Taten folgen, derer es keiner weiteren Worte bedarf. In Gedanken hat man bereits das Ziel erreicht. Über das wie und wann macht man sich, sobald der Entschluss etwas durchzuführen getroffen wurde, keine weiteren Sorgen mehr. Der Verstand hat den Entschluss bereits so angenommen, als wären die Taten schon erfolgt. Dementsprechend wird danach gehandelt.

Eine Metapher zum Thema Entschlossenheit, welche ich sehr gerne in meinen Seminaren erzähle, ist jene des „ehrenwerten Samurais".
Ein Samurai war aufgrund seiner Ausbildung und Erziehung lange geduldig. Nie hätte er aus Zorn (einer Emotion) sein Schwert gezogen. Er vertraute auf die Tugenden von Höflichkeit und Ehre.
Sofern er kein „Hitzkopf" war, suchte er zuvor nach einer friedvollen Lösung. Denn eines war unumgänglich. Das Ziehen des Schwertes bedeutete, dass es kein Zurück mehr gab. Wurde die tödliche Klinge einmal

aus ihrer Scheide gezogen, war gewiss, dass es einen Sieger und einen Verlierer geben musste. Der Begriff des „Win-Win", welcher in der Geschäftswelt gerne verwendet wird, wäre somit nur in der Vorphase möglich gewesen.

Zusammengefasst kann man sagen, dass entschlossenes Handeln immer eine Entscheidung mit sich bringt. Bitte bewerten sie diese allerdings niemals mit „richtig oder falsch". Entschlossenheit führt zu Aktionen. Situationen die oftmals als festgefahren angesehen werden, kommen wieder in Bewegung. Entschlossenes Handeln, welches einem Gefühl entspringt, kann man auch als abgewandelte Form des „intuitiven Handelns" bezeichnen. Wie sagte Laurence Fishburn zu Keanu Reeves alias Neo im ersten Teil von Matrix so schön: „Nicht denken, tun." [13]

Und so tat ich. Ich ließ meiner Entschlossenheit freien Lauf. Es ist, wie mit dem Ausspruch Sun Tsu's: „Vorstürmende Truppen, sind nicht mehr aufzuhalten." [14] *Alles klappte reibungslos. Innerhalb von 10 Minuten hatte ich, dank Internet, alle notwendigen Informationen für die Einreise in die USA und einen günstigen Flug. Verglichen mit meinen Versuchen davor, in welchen ich oft nur die Absicht hatte, nach New York zu fliegen, war es jetzt so einfach und unkompliziert. Obwohl ich den Ausgang nicht kannte, war es ein gutes Gefühl sich für etwas* **entschlossen** *zu haben. Frei nach dem Motto „Schiffe sind im Hafen sicher, aber dafür werden sie nicht gebaut."* [15]

Angst und Zweifel

Was ist ihre größte Angst? Wovor fürchten sie sich am meisten? Was würde ihr Leben schlagartig verändern, wenn es eintreffen sollte?

Sofern sie ein Mensch mit intaktem Gefühlsleben sind und sich nicht als rücksichtslosen Egoisten bezeichnen (die Betonung liegt hier bitte auf rücksichtslos), wird ihre Antwort wahrscheinlich der Tod sein. Nach dem Verlust des eigenen Lebens fürchten wir uns ebenso, unsere Liebsten verlieren zu können. Ob es jetzt, ihr Kind oder ihr Vater, ihre Mutter, eines ihrer Geschwister oder ihr Lebenspartner ist. Der Verlust eines Menschen gehört nach wie vor zu den größten Ängsten des Menschen. Unser Körper tritt mit einer Seele in diese irdische Welt ein und wird sie mit hundert prozentiger Gewissheit auch wieder verlassen. Dass wir sterben steht fest, sobald wir geboren werden. Ob etwas und wenn ja, was mit unserer Seele passiert, überlasse ich ihrer Vorstellungskraft und verweise (sofern sie mehr darüber erfahren wollen), auf diverse Fachliteratur. Diese und weitere Ängste kann man mit MUT besiegen. Mut wiederum ist auch, wenn anfänglich nicht im großen Umfang vorhanden, trainierbar. Er ist wie ein Muskel. Trainiert man ihn auf die richtige Art und Weise, entwickelt er sich und kann die Angst, selbst in ihrem stärksten Ausmaß besiegen. Ein Mensch in Todesangst zum Beispiel, handelt ausschließlich instinktiv. Trainierbar ist hierbei (und da bietet die Kampfkunst unzählige Möglichkeiten an Übungen), der vorverlegte Zeitpunkt des Handelns. „Handle bevor die Situation eskaliert" [16] ist eine der wichtigsten Regeln, welche ich in meinen Selbstverteidigungs-Seminaren verwende.

Da ausschließlich **sie** über den Wert ihrer Angst bestimmen, haben auch nur **sie** die Macht darüber, sich entweder von ihr lähmen zu lassen oder diese als das zu akzeptieren, was sie im Moment ist. Ein Gefühl des Unbehagens, welches ihr Verstand erzeugt, in dem er in die Zukunft sieht. Sich jetzt vor der Angst zu verstecken oder diese zu ignorieren (siehe „Die drei Arten, mit Fragestellungen umzugehen"), macht jene nur stärker. Würden wir statt der Angst, der *Liebe* den Vorzug geben, wage ich zu behaupten, dass ihnen in diesem Fall das Akzeptieren leichter fallen würde. Habe ich Recht? Stellen sie sich bei ihrer nächsten, noch so großen

Herausforderung einfach einmal folgende Frage: „Was würde jetzt wohl die Liebe tun, wäre sie an meiner Stelle?". [17]

Ich persönlich verwende in solchen Situationen immer ein Hilfsmittel, welches ich in Form eines Armbandes, vor meiner Abreise von einem sehr guten Freund geschenkt bekam. Auf ihm stehen in Großbuchstaben die Initialen W.W.J.D. Diese Abkürzung steht für „What would Jesus Do?" Da ich Jesus für mich mit der Liebe gleichsetze, fällt es mir leicht, mich meinen Ängsten zu stellen und ihnen direkt ins Auge zu blicken.
Versuchen sie es ebenso! Messen sie ihr nicht mehr, aber auch nicht weniger Bedeutung bei, als sie verdient. Angst ist einfach das, was sie in diesem Moment für sie ist, ein Gefühl.

Folgen sie mir:
Sie gehen an einem wunderbaren Herbsttag, vollkommen entspannt einen ruhigen idyllischen Waldweg entlang. Die Bäume verlieren ihre letzten Blätter und in der Luft liegt schon der Geruch von Winter. Das Einzige, was sie hören, ist das Zwitschern der Vögel und das Rauschen der Blätter im Wind. Plötzlich springt knapp vor ihnen ein Reh aus den Sträuchern, welches sie, ohne es zu wissen, aufgeschreckt haben. Es springt vor ihnen über den schmalen Weg zurück in den schützenden Wald. Kurz erschrecken sie so sehr, dass sie erstarren und vollkommen bewegungs- und handlungsunfähig sind.
Nach einigen Atemzügen realisieren sie, was geschehen ist und müssen im Grunde über sich selbst schmunzeln. Es war einfach nur ein Tier, das sich mindestens genauso erschreckt hat wie sie. Sie denken nochmals über diese einzigartige und nahe Begegnung nach und behalten sie als etwas Wunderbares in Erinnerung.

Wenn wir uns an diese Geschichte halten, waren sie in keiner einzigen Sekunde in einer lebensbedrohlichen Situation. Dennoch hat ihr Verstand kurzfristig auf ihr Notprogramm umgeschaltet. Dieses Beispiel zeigt die Angst als Momentaufnahme, welche sich in der unmittelbaren Zukunft in ein Glücksgefühl verwandelte.

Die Angst die sie jetzt empfinden, kann sich morgen schon wieder in Luft aufgelöst haben. Es liegt an ihnen, wie viel Futter sie der Angst für ihr Weiterbestehen geben. Lassen sie die Angst kurz verweilen, schenken sie ihr die volle Aufmerksamkeit und sie bemerken, dass es nichts gibt, vor dem man sich wirklich fürchten muss, sofern

sie alles erledigt haben, und nichts unausgesprochen geblieben ist!!!

„Wir haben jetzt ihren Befund und müssen Ihnen leider mitteilen, dass sie einen Schlaganfall erlitten haben. Wir wissen im Moment noch nicht, ob Schäden zurückbleiben.
Weiters haben wir festgestellt, dass ihre linke Vertebralis (Anm.: hintere Hauptschlagader) verstopft ist. Diese können wir jedoch mit einer Dissektion (Anm.: chirurgische Aufspaltung des Gefäßes) versuchen wieder zu öffnen. Allerdings müssten wir diesen Eingriff in den nächsten beiden Stunden vornehmen. Wir würden ihnen auf jeden Fall nahelegen, dies zu überdenken. Wir müssen sie auch über das Risiko informieren, den dieser Eingriff mit sich bringt. Sollte die Gefäßwand dabei beschädigt werden kann dieser Eingriff einen irreparablen, lebensbedrohlichen Zustand und somit den Tod hervorrufen."

Für alle Mediziner und Menschen, die solche und teils gefährlichere Situationen schon einmal durchlebt haben, und sich jetzt vielleicht dabei denken, Routineeingriff. Sie möchte ich jetzt bitten, ihren Blickwinkel auf den Menschen zu richten, der im Moment nur einen Gedanken vor Augen hat: Dass er heute Abend, möglicherweise das letzte Mal, seine Familie gesehen hat (erinnern sie sich an die Geschichte mit dem Reh?).
Es gibt bestimmt sehr viele Menschen, die vergleichbare Situationen schon einmal durchgemacht haben. Das Schlimme hierbei ist nicht das Ausmaß oder der Wirkungsgrad des Schicksalsschlages. Ich denke, alle Betroffenen werden mir Recht geben. In dem Moment, wo sie nicht wussten was passieren wird, war ihr erster Gedanke: „Und das soll es jetzt gewesen sein? Hab ich in meinem Leben alles erledigt, was ich noch erledigen wollte?" Und das kann eine Aussprache mit einem ihrer Angehörigen sein. Wenigstens einmal auf den Bahamas gewesen zu sein. Oder einmal einen Fallschirmsprung absolviert zu haben. Es ist vollkommen egal was es ist. Haben sie es erledigt?

Wenn nicht, dann tun sie es jetzt und zögern sie nicht. Denn dieses Zögern und der Umstand, Dinge unvollendet zu hinterlassen, erzeugen ebenfalls **Angst**. Wenn sie das Gefühl haben (und sei es noch so absurd) etwas tun zu müssen, das ihnen wirklich am Herzen liegt (und damit meine ich wirklich **am Herzen liegt**), dann tun sie es! Besser jetzt und heute, als morgen. Denn morgen kann, wie wir wissen, alles anders sein.

„Wovon lebst du denn dort? Wie soll deine Firma weiterlaufen? Und vor allem, was sagen deine Kinder dazu?" Diese und noch viel mehr Fragen haben mich Gott sei Dank dazu bewogen, mein Vorhaben erst kurz vorher publik zu machen. Anfangs versuchte ich, jede Frage noch mit großer Anteilnahme und nochmaligem Überdenken meiner Situation zu beantworten. Je öfters ich sie jedoch gestellt bekam, desto maschineller und origineller wurden meine Antworten.

„New York ist eine wunderbare Stadt, mit allen Möglichkeiten. Wenn ich mal nichts zu essen habe, singe ich für ein paar Dollar in der U-Bahn"

„Meine Firma wird weiterbestehen, auch ohne mich. Jeder ist ersetzbar – oder nicht?

„Meine Kinder lieben mich. Wenn es mir gut geht, geht es ihnen ebenfalls gut!"

Schlussendlich bemerkte ich, dass ich mit meinem entschlossenen Handeln nicht nur mein Leben in Bewegung gebracht hatte. Nein, auch das von anderen Menschen wurde ganz plötzlich aufgewühlt. Ich entdeckte, dass ich in so manchem meiner Freunde langersehnte Sehnsüchte weckte. „Wow, das ist echt cool, das würde ich auch gerne machen. Na ja, im Moment geht´s halt nicht. Aber in ein paar Jahren, wenn …". Diesen Satz bekam ich des Öfteren zu hören und er hallt noch immer in meinen Ohren nach und versetzt mir jetzt noch (sogar hier in Brooklyn), eine Gänsehaut. Er erinnert mich an einen Menschen, der nicht den Mut hatte zu träumen oder immer neue Ausreden erfand, um seine Träume nicht erfüllen zu müssen.

Wirkung vor Ästhetik

Viele meiner Freunde bezeichnen mich als einen Menschen mit Sinn für Ästhetik. Alles, was ich tat und tue, versuchte ich immer mit Stil und Grazie zu vollenden. Im Kampfsporttraining wurde ich auch immer als hervorragender Techniker bezeichnet. Dieses Verhalten zog sich nicht nur durch die verschiedensten Sportarten, welche ich zusätzlich betrieb. Auch mein Leben richtete ich danach aus. Der einzige Haken an der Sache war allerdings folgender. Meine Abschlussquote war immer geringer als die jener, die ich als „Technik-Barbaren" bezeichnete. Meine Technik im Kampfsport war akrobatisch und somit schön anzusehen. Tennis spielte ich mehr für das Auge, als für den Punkt. Beim Beach Volleyball mehr für die Optik, als für das Endresultat.
Ebenso verhielt es sich mit meinem Berufsleben. Äußerlich war ich ein erfolgreicher Geschäftsmann. Die Wahrheit war, dass ich dem kaufmännischen Erfolg (in Zahlen gemessen) immer hinterher lief, während andere (mit teils geringeren Fähigkeiten), diesen hatten.

Wie konnte das sein? Es fehlte mir der letzte Schliff. Der letzte wirkliche Kick oder Wille. Wie immer man es auch bezeichnen möchte. Es fehlte mir die Kraft, zu exekutieren. Theoretisch wusste ich, wie es zu funktionieren hatte. Praktisch bin ich daran gescheitert, indem ich für mich schon in der Vorbereitungsphase als sogenannter Trainingsweltmeister, mein Ziel erreicht hatte.

Um es auf den Punkt zu bringen. Ich wollte nie wirklich etwas zu Ende bringen. Dadurch begann ich auch immer öfter an mir zu zweifeln. Anfänglich liefen die Dinge immer sehr gut. Am Ende war das Resultat jedoch ein für mich unbefriedigendes.

Diese mir fehlende Lektion des Vollstreckens lernte ich bei meinem Sifu (Lehrmeister) eines heißen Sommertages im Training, welches ich in meiner Heimatstadt besuche.

Es war Mitte Juli und die Raumtemperatur betrug so um die 36 Grad Celsius. Die meisten Schüler, inklusive mir, standen kurz vor einem

Hitzekollaps. Wir liefen nur mehr auf „Notbetrieb". Da unterbrach Sifu das Training, holte uns alle zusammen und erklärte uns folgendes:
„Ich bin nicht hier, um euch zu motivieren, euch anzutreiben oder anzufeuern. Es seid ausschließlich ihr, die dafür zu sorgen habt, dass ihr euer Training zu Ende bringt. Wenn ihr eine Verletzung habt, euch zu heiß ist oder ihr heute einfach nicht so gut drauf seid, dann bleibt zu Hause! Geht ins Freibad. Fokussiert euer CHI (Energie) auf jene Dinge, welche euch im Leben voranbringen. Und wenn es zu diesem Zeitpunkt ein Nickerchen sein soll, dann macht auch dieses mit CHI. Nützt die Zeit in eurem Leben sinnvoll! Heute habt ihr euch entschlossen hier herzukommen. Trotz widriger Temperaturen und eines Muskelkaters vom Vortag. Es war eure Entscheidung, also steht auch dazu. Jetzt seid ihr nun einmal hier. Bringt das zu Ende was ihr auch begonnen habt, und noch was Leute:

„NO EXCUSES (keine Ausreden) und
MORE CHI – TRAIN HARDER!" [18]

Für alle **nicht**-Kampfkünstler mag dies jetzt etwas diktatorisch und autoritär klingen. Ganz ehrlich gesagt, ist es das auch. Aber wenn es um Disziplin geht, beginnt diese zuerst immer bei sich selbst. Diese Selbstdisziplin ist trainierbar, so wie ich es im Kapitel zuvor bereits bei der Tugend MUT erwähnt habe. Meinen Schülern erkläre ich immer, dass sie die vorgegebene und einzuhaltende Disziplin mit ihren einhergehenden Maßnahmen als Vorbereitung zur Selbstdisziplin sehen sollen. Ein Lehrer, Meister oder Mentor zeigt ihnen Wege und manchmal auch Abkürzungen. Beschreiten müssen sie diese allerdings immer selbst.

Selbstdisziplin führt zu Selbstrespekt und dieser sollte der Grundstein im Leben eines jeden Menschen sein. „Denn erst wenn du dich selbst respektierst, wirst du auch von anderen respektiert werden." [19] Diesen Ausspruch verwende ich immer, wenn es um das Thema Selbstachtung geht. Unabhängig von ihrem Äußeren, ihrer beruflichen Position oder ihrer materiellen Welt. Egal ob sie von dem, was man in unserer Gesellschaft zu besitzen hat, viel, wenig oder gar nichts besitzen. Seien sie einfach zufrieden mit sich selbst und sie werden ihr Umfeld auch für sich selbst zufrieden gestalten können.

Stellen sie niemals Vergleiche mit anderen an! Sie werden ihnen immer ein Gefühl des Mangels vermitteln. Einer meiner Trainer gab mir während meiner aktiven Wettkampfzeit einen Satz mit, an welchen ich heute noch zurückdenke. „Es wird immer jemanden geben, der besser ist als du!“. Nicht gerade motivierende Worte, die da aus seinem Mund kamen. Als ich jedoch begann, näher darüber nachzudenken, verstand ich erst den Sinn seines Ausspruchs. Jeder Mensch hat unterschiedliche Fähigkeiten. Einer mag bessere Trainingsmöglichkeiten haben, der andere wiederum schlechtere. Ihr Gegner mag eine harte Vergangenheit haben, welche ihn zu einem „gnadenlosen“ Kämpfer machte und so seine Entschlossenheit trainierte. Der nächste mag durch seine bequeme Lebensweise verweichlicht sein. Sie alle haben ähnliche Trainingsmethoden und verfolgen das gleiche Ziel. Und dennoch ist jeder Vergleich nur eine Momentaufnahme, bei der viele weitere Einflussfaktoren über Erfolg oder Misserfolg entscheiden. Einzig trainierbar sind (wenn man so will), nur der Wille und die Entschlossenheit. Geduld und Ausdauer gelten als jene Tugenden, welche nicht greifbar sind. Diese jedoch erhöhen auf lange Sicht die Erfolgschancen des Kämpfers. Als ich das verstanden hatte, hörte ich auf, Titel, Medaillen und Pokalen hinterher zu jagen. Ich begriff, dass ein wahres Kämpferherz es nicht nötig hatte, sich mit schnödem Mammon brüsten zu müssen. Viel wichtiger ist es, geduldig und hart an sich zu arbeiten und jene Tugenden zu verbessern, die den Wert des guten Kämpfers besser widerspiegeln als Edelmetalle und Urkunden.

„Denn, nicht was man in den Händen hält, sondern das, was man im Herzen trägt, erhöht den Wert eines Menschen!“ [20]

Prüfen und Vergleichen

Bevor du jemand anderen besiegen kannst, musst du dich erst einmal selbst besiegen. Dieser, aus der Kampfkunst stammende Leitspruch, birgt eine paradoxe Botschaft in sich. Wer sich nämlich selbst auf den Prüfstand stellt und sich regelmäßig selbst zu besiegen lernt, wird einen Kampf mit anderen **niemals** eingehen. Die Notwendigkeit, sich permanent mit anderen vergleichen zu **müssen**, wird ab jenem Moment aufgehoben, in welchem das Prinzip des Vergleichens verinnerlicht wird.

„Der einzig nützliche Vergleich ist das Maß des persönlichen Fortschritts. Wie gut war ich vor einem Monat, und wie gut bin ich heute?“ [21]

So kann man auch sagen, dass man seine Selbstachtung nicht aus Wechselfällen des Schicksals bezieht, sondern aus der eigenen, steten Weiterbildung in Form geduldiger und steter Arbeit an sich selbst! Sollten sie jetzt unter „sich selbst besiegen“, vielleicht „sich selbst etwas beweisen zu müssen“ verstanden haben, muss ich diesen Gedankengang korrigieren. **Niemand der in sich ruht, muss sich selbst (und schon gar nicht jemand anderes) etwas beweisen.**

„Strive not to impress, but express yourself (Bemühe dich nicht zu beeindrucken, sei jedoch immer du selbst und entfalte dich!“ [22]

Sich allerdings manchmal auf den eigenen Prüfstand zu stellen und seinen Status abzufragen, ist sogar mehr als legitim. Es hat einen wunderbaren und positiven Nebeneffekt. Sie stärken damit ihr Bewusstsein, um es anders auszudrücken, ihr **Selbstbewusstsein**.

Also, ab auf den nächsten Prüfstand und holen sie sich ihren TÜV

a) Wie geht es mir?

b) Fühle ich mich wohl in meiner Haut?

c) Was kann ich besonders gut?

d) Welche positiven Eigenschaften zeichnen mich aus?

e) Wie würden sie über sich erzählen, wenn sie einer ihrer Freunde wären?

Sollten sie auch nur eine dieser Fragen negativ beantwortet haben, zurück an den Start!

Hier ein paar Antwortmöglichkeiten:

a. Es geht mir so, wie ich will, dass es mir gehen soll (hoffentlich „gut").

b. Ich fühle mich wohl, liebe mich und akzeptiere mich und mein Aussehen.

c. Ich kann sehr gut und aufmerksam zuhören.

d. Ich bin liebevoll, fröhlich, mitfühlend, ehrlich und verständnisvoll.

e. Jemand, wo ich für jede Sekunde dankbar bin, dass ich ihn kenne.

Und sollten sie es immer noch nicht verinnerlicht haben, dann jetzt im Klartext:

1. Aufhören zu klagen (no moaning, no complaining, no excuses!).

2. Sich darüber klar werden, was und wohin sie wollen.

3. beginnen und

4. beenden (exekutieren).

Als kleine Hilfestellung: Beginnen sie in kleinen Schritten, mit kleinen Aufgabenstellungen. Wenn sie allerdings davon überzeugt sind und **entschlossen**, dann legen sie los, egal womit – „but finish!“

Und immer daran denken: **„no excuses“**

Sollten sie nun alle Fragen zufriedenstellend beantworten können, überspringen sie dieses nächste Kapitel. Sonst lesen sie bitte aufmerksam weiter.

Dies ist eine Anleihe von Jose Silver, welche ich persönlich für das o.a. Thema am treffendsten finde:

„Wenn du etwas magst,
genieße es!

Wenn du etwas nicht magst,
versuche es zu vermeiden!

Wenn du es nicht vermeiden kannst,
akzeptiere es!

Mit einer Änderung deiner Einstellung
kannst du alles akzeptieren was du willst!“ [23]

„You give power“ [24]

Es liegt an **dir**, ob **du deine** Kraft
der Angst oder dem Vertrauen widmest.
Du hast es in der Hand das wachsen zu lassen,
was **du** möchtest!
Gießt **du** den Baum mit den Früchten des
„Zweifels“ und der „Enttäuschung“?
Oder jenen mit den Früchten der
„Liebe“ des „Vertrauens“ und der „Vergebung“?
Deine Entscheidung!

Seien sie sich also im Klaren darüber, wem oder was und welchen Gefühlen sie ihre Aufmerksamkeit und Kraft geben möchten und entscheiden sie weise!

… I wanna wake up in the city that doesn´t sleep …

Nach dem Motto „Träume nicht dein Leben sondern lebe deinen Traum“ [25] *und mit einer riesigen Portion Entschlossenheit und Mut, begann ich nun meinen Traum Wirklichkeit werden zu lassen.*
Das Interessante dabei war, dass sich durch diesen Kickoff ganz plötzlich auch andere Blockaden wie von selbst lösten.
Ich genoss meinen inneren Triumph und genoss die Strahlen meiner für mich ab jetzt durchgehend scheinenden Sonne. Ich leuchtete. Die Zeit des Redens, Trauerns und Klagens war vorbei. Da ich nichts mehr erklären musste und wollte, hatte ich wieder Zeit zuzuhören. Und ich hörte viel zu. Mein sonniges Gemüt lud viele meiner Freunde ein, mir ihre Ängste und Sorgen anzuvertrauen. Es war wie in einem Traum. Ich konnte zuhören, ohne zu bewerten. Und die Coaches und Trainer werden mir vermutlich Recht geben, wenn ich sage, dass ich alleine dadurch vielen helfen konnte, in dem ich mir einfach nur ihre Geschichten anhörte. Die Antworten auf ihre Fragen, gaben sie sich im Gespräch meistens selbst. Und das war ein wunderbares Gefühl. Ich fühlte sogar, dass ich daraus Kraft schöpfen konnte und nicht wie früher, immer mehr Energie verlor. Es machte mich stark. Und mein Lächeln, welches sich oft so anfühlte, als würde ich rundherum grinsen, zog auch immer mehr Menschen an, die ebenfalls lächelten. So kam es, dass ich mich Ende Juli wieder verlieben durfte. Vollkommen wert- und sorgenfrei. Und ich lernte mein weibliches Spiegelbild kennen. Selbst meine kurz aufflackernden Zweifel (jetzt verlieben und dann für 3 Monate weg) wurden sofort von uns beiden mit vereinter Kraft im Keim erstickt. Liebe und Ehrlichkeit, gepaart mit der nötigen Portion an Respekt, geben Zweifel keine Chance sich auszubreiten.
Und nach einer kurzen, jedoch sehr emotionalen Verabschiedungsphase von meinen Allerliebsten, Mitte Oktober, erfolgte der Abflug nach NYC in ein „geplantes“ aber „planloses“ Abenteuer.

Yessss, we can!!!

Körper angekommen - Geist, noch irgendwo über dem Atlantik

Minus sechs Stunden sind keine große Sache. Da hab ich zu Hause manchmal schon weniger Schlaf bekommen. Ich muss ehrlich zugeben, dass mich die Einreisebestimmungen und das ständige Ausfüllen von irgendwelchen sinnlosen, teils lustigen Fragen, etwas genervt haben. „Haben sie vor, terroristische Aktionen in den USA zu planen oder durchzuführen?" Als ich jedoch im Big Apple angekommen war, musste ich feststellen, dass es, zumindest bei mir, nichts anderes war, als ein Säbelrasseln der großen Weltmacht USA. Es war sogar ein herzliches Willkommen (das lag aber höchstwahrscheinlich an meinem noch immer anhaltenden Grinsen), das mir entgegengebracht wurde. Einer der Beamten verwickelte mich sogar in ein Gespräch, als ich ihm als Grund meines Aufenthalts „Martial Arts Training" nannte. Eigentlich hätte er die Fragen stellen sollen, stattdessen fragte ich ihn wie lange er schon, MMA (Anm.: Mixed Martial Arts) praktizierte. Ich wünsche einen schönen Aufenthalt.

Die Größe dieses Landes und vor allem der Stadt, wurde mir dann im Taxi bewusst, als wir beinahe vierzig Minuten unterwegs waren und der nicht gerade vertrauenserweckende Taxilenker, die Hausnummer meiner Unterkunft nicht finden konnte. Dabei sind es auf dem Stadtplan gerade mal drei Zentimeter vom JFK zu meiner Absteige in Brooklyn. Zugegebenermaßen muss ich sagen, dass es nicht einfach war, diese als solche zu finden, da sie von außen nicht als Jugendherberge erkennbar war. Zu guter Letzt rief er sogar von seinem Handy die auf meinem Zettel angeführte Nummer an und lieferte mich sicher in meinem ersten vorübergehenden Zuhause ab.

Vertrauen

Bevor du jemand anderem vertrauen kannst, solltest du zuerst einmal dir selbst vertrauen. Misstrauen anderen Menschen gegenüber ist nach der Spiegeltheorie nichts anderes als eine Reflexion der eigenen Unsicherheit. Vielleicht werde ich ja übers Ohr gehauen und hier abgezockt. Oder noch schlimmer, ich werde an der falschen Adresse abgeliefert und dort auch noch ausgeraubt. Ehrlich gesagt und wenn schon, dann gibt´s keine Koffer mehr, die man im Auge behalten und hinter sich herschleppen muss. Die Dinge, die man zum täglichen Bedarf benötigt, gibt es in einem Land wie den USA sowieso im Überfluss.

Wie entsteht Misstrauen?

Meist durch Einflüsse von außen. In erster Linie durch unsere Erziehung. Denken sie an ein Kleinkind. Werden sie von ihm gemocht, würde es ohne Zweifel mit ihnen mitkommen, wenn sie es höflich dazu auffordern würden. Es vertraut ihnen.

Der Instinkt eines Kindes, oder besser das Bauchgefühl, sind immer richtig. Stehen sie ihm nicht zu Gesicht und kann es noch dazu ihre eigene Unsicherheit spüren, wird es sie ablehnen und höchstwahrscheinlich mit lautem Geschrei auf ihre Aufforderung mitzukommen, reagieren.

Im Laufe der Jahre lernen wir immer mehr aus Erfahrungen (meist in Form von Erzählungen unserer Eltern), was gut und recht, gefährlich und böse sein kann. Somit lernen wir durch Erzählungen, wenn man so will, dass die Herdplatte heiß ist und wir nicht hin greifen sollen, da wir uns daran verbrennen könnten. Dadurch sind alle Herdplatten für uns vorerst einmal tabu. Wir behandeln sie mit Respekt. Leider zu oft mit einer zu großen Portion an Respekt. Zuviel Respekt resultiert in Angst und Angst schafft Misstrauen.

Natürlich können wir unsere Kinder nicht alle Erfahrungen selbst machen lassen. Immerhin tragen wir ja die Verantwortung für sie. „Schließlich

sollten wir ihnen ja neben den Wurzeln auch die Flügel mitgeben" [3] damit sie die Welt für sich entdecken und erobern können.
Warum aber eigentlich nicht? Was passiert bei den Naturvölkern. Wie wurden wir, unsere Eltern und Großeltern großgezogen. Irgendwann geht es dann doch wieder zurück zu den Wurzeln, welche ja darin liegen sollten unsere Kinder in die Eigenverantwortung zu führen. Somit liegt die Wahrheit in uns selbst. Jeder Mensch sollte für sich herausfinden, was für ihn **wahr** und was **unwahr** ist. Wenn wir schon bei dem sonst von mir eher angeprangerten Dualsystem bleiben, entscheiden auch wir somit über **richtig** oder **falsch**. Dieses Wissen geben wir oft nur durch Erzählungen an unsere Kinder weiter, ohne es je erfahren zu haben. Ich verstehe, wenn sie jetzt sagen, dass man nicht alles im Leben erfahren kann. „Man kann ja schließlich auch durch zuhören und nachahmen lernen." [1] Da stimme ich auch zu. Allerdings muss man auch nicht alles, was man erzählt bekommt, in Zeitungen und Büchern liest, oder in den Nachrichten sieht, als die absolute Wahrheit hinnehmen.
In einem meiner Lieblingsbücher las ich unlängst zu diesem Thema den Satz:

„Ich weiß wie das funktioniert, schließlich mache ich das ja auch schon seit 20 Jahren so."

Wer aber sagt, dass man etwas nicht auch 20 Jahre lang falsch machen kann?

Das klingt für sie absurd? Na dann willkommen im Traumland. Wenn sie ihren Traum leben wollen, dann müssen sie ihm auch einen gewissen Freiraum lassen, damit er sich erfüllen kann. Begrenzungen, die durch Misstrauen entstehen, haben hier keinen Platz. Also, vertrauen sie auf das was **sie** sehen, hören, riechen, schmecken und fühlen. Und nicht auf das was man ihnen sagt!
Vertrauen sie in sich selbst. So wird Misstrauen keinen Platz in ihrem Leben einnehmen können. Und der Bonus an dieser Sache: Misstrauen ist einer von den schweren Steinen, welche sie in ihrem Rucksack des Lebens mit sich herumschleppen.
Einen davon haben sie jetzt daraus entfernt. Jetzt können sie schon viel höhere Sprünge und größere Schritte wagen. **Gratuliere!!!**

Andere Länder andere Sitten

"Hey how you're doing my friend?"

Hier geht es sehr freundlich zu! Jeder fragt mich, wie es mir geht und ich bin noch dazu sein Freund.
Dass dies ebenso wie in unserer Sprache nur eine Floskel ist, welche man mit einem einfachen „Hallo" oder „Wie geht's?" übersetzen könnte, wissen sie wahrscheinlich. Jedoch sollte man dieses „oberflächliche" Verhalten als Teil einer anderen Mentalität anerkennen und respektieren. Schließlich hat es ja auch Vorteile. Denn ins Gespräch mit jemandem zu kommen, ist hier wesentlich einfacher als in vielen Ländern Europas.

Obwohl ich (mögen die großen Fast-Food-Ketten-Besitzer jetzt über diesen Satz hinwegsehen) Fast Food Essen verabscheue, konnte ich es mir nicht nehmen lassen, mir einen Cheesburger mit Coke zu gönnen. So kam es, dass ich mich um 7 p.m Ortszeit in einen Lounge Sessel setzte und mit meiner Geschmacksstudie des Original-Fastfood-Burgers begann.
Keine 5 Minuten später setzte sich auf den noch freien Loungeplatz gegenüber, ein gut beleibter weiblicher Police Officer. „Fucking freezy outside" startete sie das Gespräch und ich blickte sie verwundert an. Muss ehrlich zugeben, dass ich bei uns, obwohl ich persönlich mit einigen Polizisten befreundet bin, noch nie so direkt von einem angesprochen wurde. Ich bestätigte ihre Feststellung und nutzte die Gelegenheit ihr ein paar Fragen zu stellen, die mich schon seit meiner Ankunft brennend interessierten.
„Gibt es in New York eigentlich viele Unfälle mit Fußgängern?" Die Frage stellte ich aus einem ganz bestimmten Grund. Ich war von der Unsinnigkeit der Fußgängerampeln beeindruckt. Kein Mensch hielt sich daran. Selbst ich blieb nach 2 Tagen nicht mehr bei „Stop" stehen. Nicht einmal beim Überqueren des Broadway während der Rush hour.
„Ja, sehr viele sogar. Manche können wir zumindest abmahnen." war ihre Antwort und sie zeigte mir ihre Polizeipfeife. „Nur hören nicht immer alle drauf."
Dies führte mich zu meiner nächsten Frage: „Haben die Menschen hier eigentlich Respekt vor den Police Officers?"
"Ja haben sie und weißt du auch warum? Weil wir Waffen tragen und sie wissen, dass wir diese auch benutzen würden."

Keine weiteren Fragen!

© Joe WOLF 2011, Fort Hamilton Pkwy, Brooklyn Subway

Akzeptanz und Anpassungsfähigkeit

Andere Länder andere Sitten, heißt es so schön. Ein Wiener Schnitzel in New York City zu bestellen und zu erwarten, dass es ebenso schmeckt wie in Wien, wäre etwas zu viel verlangt. Jedoch war ich schon etwas verwundert, als ich mit meinem ersten Frühstückskaffee Marmelade mit deutscher Aufschrift, die noch dazu aus meinem Heimatland kommt, serviert bekommen habe. Das ist allerdings nicht die Regel.
Wer sich in fremde Gefilde und dieser Begriff ist jetzt nicht nur geografisch zu verstehen, begibt, verlässt auch seine Komfortzone. Und wie man ja weiß, ist speziell bei Veränderungen Anpassungsfähigkeit von großem Nutzen. Sie können nicht erwarten, dass sich plötzlich acht Millionen Menschen so verhalten wie sie es gewöhnt sind. Na ja, erwarten können sie es schon, es wird allerdings nicht allzu viel bringen. Es ist wesentlich einfacher, die veränderten Umstände möglichst schnell zu akzeptieren. Schließlich, und davon gehe ich jetzt einmal aus, haben sie diese Veränderung ja auch herbeigerufen.

Veränderungen anzunehmen ist wesentlich leichter, wenn man offener, also flexibler auf jene reagieren kann. Hierzu gibt es eine wunderschöne Metapher aus der Kampfkunst. Das „Stretching“ (Dehnen) nimmt besonders im Kung Fu einen sehr hohen Stellenwert ein. Nicht nur um die Flexibilität der Muskeln, Sehnen und des Bandapparates zu erhöhen. Auch der Geist und somit die Gedanken sollen gedehnt werden.

„If you stretch your body, you stretch your mind!“ [26]
(Dehne deinen Körper und du dehnst deinen Geist)

Und mit einem flexiblen Geist ist, wie wir wissen, eine anstehende Herausforderung viel einfacher zu bewältigen!

Wie steht es im Ausspruch von Jose Silver so schön? „Wenn du etwas nicht vermeiden kannst, akzeptiere es.“ [23] Jeder Mensch kann alles akzeptieren, solange er es auch will. Ich persönlich liebe den Ausdruck Komfortzone. Er ist speziell in unserer modernisierten und hochtechnisierten Welt der Beginn der absoluten Verweichlichung. Warmduscher, Vorwärtseinparker und Chefwitzlacher sind nur ein paar Ausdrücke, die mir im Moment dazu einfallen. Und wenn etwas Mal nicht so klappt wie wir es uns **erwartet** haben, dann verschwenden wir unsere Energie oft damit, uns über das Nicht-Eingetroffene zu ärgern. Sie nicht? Na Gott sei Dank!

Wie gut sind sie im Akzeptieren?

Ein guter Freund verabredet sich nach langer Zeit wieder einmal mit ihnen. Sie wollen gemeinsam ins Kino und anschließend in eine naheliegende Cocktailbar. Nach einem anstrengenden Arbeitstag, bei dem ihnen alles abverlangt wurde, freuen sie sich auf einen gemütlichen Abend. Selbst manch angespannte Situation konnte sie heute nicht aus der Ruhe bringen, sie wussten, am Abend gibt´s ein gemütliches Chill out.
Gerade als sie aus der Dusche kommen läutet ihr Mobiltelefon.“Es tut mir furchtbar leid, es ist mir etwas dazwischen gekommen, ich muss das Treffen heute leider absagen. Ich ruf morgen an und wir machen uns was Neues aus, ok?“

Vielleicht kennen sie diese oder eine ähnliche Situation. Wie würden sie jetzt reagieren, bzw. wie haben sie in der Vergangenheit reagiert? Aber Vorsicht! Seien sie ehrlich zu sich selbst!

Wenn sie

a) gelassen darauf reagieren würden und improvisieren, sich trotz allem einen schönen, allerdings etwas anderen Abend machen, dann

Herzliche Gratulation!!!

b) Verärgert sind, weil sie sich ja „den ganzen Tag darauf gefreut haben“ …

„… haben sie sich zumindest einen ganzen Tag gefreut, ist das nichts?“ [27]

Erinnern sie sich an den Ausspruch „You give power?“ [24] Wie viel Kraft wollen sie ihrer Enttäuschung geben? Kann eine solche Reaktion etwas

Positives zu dieser Situation beitragen? Nein, Ärger verändert nur ihren, den bereits ganzen Tag anhaltenden, sonnigen Gemütszustand. Warum also nicht akzeptieren und hinnehmen, was jetzt schon Tatsache ist? Wie oft waren sie schon in einer Situation, wo sie gerne abgesagt hätten oder vielleicht sogar auch abgesagt haben? Diese Handlungen sind menschlich. Und noch was:

„Irren ist menschlich, vergeben jedoch göttlich!" [28]

Und sollten sie wieder in eine solche oder ähnliche Situation kommen, stellen sie sich selbst die Frage „ob sie mit ihrem Groll und ihrer schlechte Laune ihre Zukunft in irgendeiner Form positiv beeinflussen können." [29]

Ich will sie jetzt keinesfalls dazu ermutigen, Termine auszumachen und dann in letzter Sekunde, vielleicht aufgrund einer Banalität, abzusagen.
Aber seien sie ehrlich zu sich. Wie oft geschehen spontane Treffen und wie gehen sie dann meistens aus?

Haben sie es schon einmal von der Seite betrachtet, dass eine abgesagte Verabredung geschenkte Zeit ist? Sie haben in diesem Zeitraum nichts vor! Sie haben Zeit endlich **spontan** zu sein. Nehmen sie dieses Geschenk an! So gesehen kann man vielleicht auch viel leichter akzeptieren lernen. Sagen sie **danke,** auch dann wenn ihre Erwartungen nicht erfüllt werden. Meistens resultieren daraus unvergessliche, **spontane** Momente, in denen das Leben seinen eigenen Lauf nimmt und sie plötzlich nicht mehr der Pilot sind. Akzeptieren sie den plötzlichen Montagmorgen Stau. Anstatt sich darüber zu ärgern, denken sie lieber über die Möglichkeiten nach, was sie jetzt tun können, wozu sie sich sonst keine Zeit nehmen würden. Und wenn es nur eine Stunde zur Selbstreflexion ist, die ihnen gerade eben zum Geschenk gemacht wurde.

Denken sie mal darüber nach!

Lerne Treffer einzustecken und trotz allem aufrecht stehen zu bleiben! Lerne zu akzeptieren, lerne zu respektieren!

Der Boxer

Zu diesem Thema bietet der Kampfsport - im Genauen - der Kontaktsport ebenfalls wieder eine sehr gute Metapher:

Denken sie an einen Boxer. Er hat sich entschieden in den Ring zu steigen um dort sein Können mit einem ihm gleichgesinnten Gegner zu messen. Unabhängig von seiner Fitness und den Fähigkeiten wird es vorkommen, dass er getroffen wird. In diesem Fall hat er zwei Möglichkeiten:

1. Er grübelt über den Treffer und seine, wahrscheinlich schlechte Deckung nach. Wie es dazu gekommen ist, was eintreten könnte, wenn ihm der gleiche Fehler nochmals unterläuft, usw.
2. Er steckt den Treffer emotionslos weg, konzentriert sich auf die nächste, bevorstehende Runde und lenkt seine Aufmerksamkeit in seine eigene Offensive.

Betrachtet man diese Situation (sie müssen dafür niemals in einem Boxring gestanden sein) trocken und ehrlich, kann man sagen, dass ein erhaltener Treffer nicht mehr rückgängig gemacht werden kann. Also, wozu darüber nachgrübeln? Je mehr sie ihre Gedanken auf ihre Fehler konzentrieren, desto defensiver und ängstlicher werden sie sich zukünftig verhalten. Dieses Verhalten ermutigt ihren Gegner, noch offensiver zu werden, da er ihre Angst spürt und somit eine frühzeitige Entscheidung durch ein K.O. anstrebt.

Oft werden wir von solchen „Schlägen“ im Leben getroffen. Und es liegt - was für eine Überraschung - wieder einmal an uns, wie wir mit diesen Schicksals Schlägen umgehen. Fallen wir in den Sicherheitsmodus des „Oh, beim letzten Mal, als ich mich der Liebe öffnete, bin ich so verletzt worden. Diesmal bin ich vorsichtiger!“ (Erinnern sie sich? "Defensiv-Verhalten")

Verweigern wir uns dem Leben? Im selben Moment verweigern wir uns allerdings auch vielleicht unserer großen Liebe.

„Wie der Boxer, der auch nach vielen Treffern noch steht, sollten auch wir stehen bleiben. Denn einen Boxkampf gewinnt man nicht, weil man so gut im Austeilen von Schlägen ist. Wenn man nicht gerade einen Glückstreffer landet, siegt man oft nur, weil man vielleicht nur einen Treffer **weniger** einstecken musste, als der Gegner." [30]

Somit sollten sie es vermeiden zu bewerten oder gar zu urteilen. Diese Einstellung hilft Ihnen, Energie zu sparen, Sie konzentrieren ihre Kraft nicht auf die Verteidigung (wenn etwas so ist, dann wird es so ausgehen). Allein der Umstand über etwas nachzudenken, dass sich in der Zukunft befindet, von dem sie den Ausgang nur erahnen können, weil es ja „logisch" [31] ist, kann ihnen schlaflose Nächte bescheren.

Konzentrieren sie sich auf das **Jetzt**! Ich rede nicht von „denken sie positiv". Tun sie nichts weiter, als einfach nur zu **sein**. Ohne Situationen oder Menschen zu bewerten, auch wenn sie es so gelernt haben. Sie haben die Kraft **richtig** oder **falsch** neu zu definieren!

Nehmen sie das Leben an, so wie sie ist. Um den vorangegangenen Spruch des „Selbstrespekts" [19] hier zu ergänzen, sollten wir ihm nun den Zusatz des „Beurteilens" zukommen lassen, denn:

„Wenn sie alles und jeden respektieren und akzeptieren können, respektieren sie sich auch selbst!" [32]

SATORI (Erleuchtung) oder auch Mein „neuer Auftrag“

Nicht, dass ich immer einen asiatischen Ausdruck benötige. Es gibt ja auch sehr viele Bezeichnungen für diesen Begriff in unserer Sprache wie z.B. Einsicht erlangen, mir ist ein Licht aufgegangen, die Lösung endlich vor Augen haben usw. Allerdings trifft keiner dieser Begriffe so sehr zu wie jener der „Erleuchtung“.
Ebenso wenig benötigt man dafür eine bestimmte Sitzhaltung, einen Bewegungsablauf oder einen bestimmten Raum. Nein, es kann ganz einfach bei einem ganz banalen Spaziergang durch den Park geschehen, dass das sogenannte „Licht“ aufgeht.

SOHO Cafe Ecke Lafayette, Broadway

Der Plan keinen Plan zu haben, ließ mich einfach durch die Straßen schlendern und dort Halt machen, wo ich gerade das Gefühl hatte mich wohl zu fühlen.

Da es nicht viele Sitzmöglichkeiten im Freien gibt, die man entlang des Broadways, speziell im unteren Teil, offeriert bekommt, stachen mir sofort die drei Bänke vor einem kleinen Kaffee an der Straßenecke ins Auge. Die letzten Sonnenstrahlen des Herbstes im Freien genießen. Bis jetzt konnte noch kein Café meinen hochgesteckten Anforderungen eines guten Espresso auch nur annähernd entsprechen. Der Sitzplatz allerdings ließ mich über den mittelmäßigen Papp-Kaffee hinwegsehen.

Es ist schon erstaunlich, wie viel Musik man dank eines MP3-Players mit sich herumtragen kann. Musik hatte immer schon einen sehr wichtigen Stellenwert in meinem Leben eingenommen. Sehr oft verbinde ich mit manchen Liedern Erinnerungen und schwelge in der Vergangenheit. So geschah es auch diesmal. Ich erinnerte mich an einen Wunsch, den ich in Form eines Gebetes im Himmel deponiert hatte. Flugs katapultierte es mich aus der Vergangenheit zurück in die Gegenwart, in diesen jetzigen Augenblick. Ich saß einfach nur da, und ***war****. Kein einziger Gedanke beschäftigte sich mit dem was noch kommen würde und keiner mehr mit dem was schon geschehen war. Ich war überwältigt von dieser Kraft, die in diesem Moment in mich strömte. Es war, als würde jemand meine Batterien aufladen und zwar im Eilzugtempo. Auf einmal war alles so klar und ich wusste, dass dieser Moment mein Leben stark beeinflussen würde.*

Insgeheim, hatte ich darauf gewartet. Allerdings wusste ich weder, wann dies eintreten würde, noch in welcher Form diese Visionen sich mir zeigen würden. Dass es auf einer Holzbank in Downtown NY passiert, damit hatte ich nicht gerechnet. Aber so ist das nun mal mit Eingebungen. Wie es dazu kam? Raum für Spontanität schaffen und einfach ohne Plan den Zeichen folgen und das tun, was die Intuition von dir verlangt.

Nach meiner „Erleuchtung" wieder zurück in Brooklyn, setzte ich mich sofort an mein neu erstandenes Net Book und begann das amerikanische Keyboard mit meinem zehn-Finger-System zu malträtieren.
Selbst die vertauschten Tasten Y und Z, die unterschiedliche Tastenbelegung von Bindestrich, Klammern, Strichpunkt, Anführungszeichen und das Ersetzen der fehlenden Umlaute mit ue, oe, aeu, ae, hatten keinen Einfluss auf meine Schreibgeschwindigkeit.

Wie in Trance hämmerte ich in die Tasten, als gebe es kein morgen. Beinahe hätte ich auch den eingehenden Chat übersehen, den mir mein Skype signalisierte. Ich musste schmunzeln. Er begann mit den Worten:

Hi there! How´s Joe the enlightened one?"

Leuchtete ich so stark, dass man es sogar noch Übersee sehen konnte?

© Joe WOLF 2011, Brooklyn Desktop

Meine Eingebung, meinen Auftrag, meine Erleuchtung, halten sie geradeebenen in ihren Händen. Ob ich das vorher gewusst hatte? Nein. Es war die gleiche Einsicht, die ich bei meiner geführten Meditation hatte. Der Grund, der mich in diese Stadt führte. Diesmal allerdings benötigte ich nicht mehr so viel Zeit, um uber das „Erhaltene" nachzudenken.
Auch hatte ich niemals die Absicht ein Buch zu schreiben. Nach diesem Erlebnis allerdings, waren keine weiteren Zeichen oder Hilfen notwendig. Das Schreiben floss, wenn man so möchte, durch mich hindurch. Ich stellte einfach meine Finger und Fähigkeiten, gepaart mit meinen Erfahrungen, zur Verfügung und ließ es „fließen."

Sie wollen wissen, ob jetzt all meine Zweifel ein für alle Mal aus dem Weg geschafft sind? Da muss ich sie leider enttäuschen, ich bin nicht Buddha, **noch** nicht! (just kidding). Aber ich denke, dass selbst dieser im weltlichen Leben regelmäßig mit Zweifeln aller Art konfrontiert und auf die Probe gestellt wurde. Jedoch war er Meister in der Kunst des Loslassens. Er konnte sich von allen auftretenden Zweifeln und Sorgen mühelos befreien.

Jedoch sollte ich auch einräumen, dass er ebenso wenig an den weltlichen, materiellen Dingen festhielt, welche unserem Leben oft einen trügerisch hellen Glanz verleihen. Warum gibt es Menschen (von denen ich selbst persönlich einige kenne und kannte), die trotz materiellen Reichtums den Spruch „Geld allein macht nicht glücklich" [33] verwenden und auch ausstrahlen?

Buddha war Meister in der Kunst des Nicht-Besitzen-Wollens!

Die Kunst „Nicht-Besitzen-Wollens" zu praktizieren bedeutet auch, sich von allen Zwängen befreien zu können.

Bitte verstehen sie mich jetzt nicht falsch. Ich meine nicht, dass etwas zu besitzen negativ ist, in keinster Weise. Solange das Materielle nicht von ihnen Besitz ergreift und sie es kontrollieren ist nichts dagegen einzuwenden.

Besitze ich oder bin ich besessen?

Sind sie Sklave ihres Mobiltelefons?

Wie oft checken sie ihr Display, ob sie einen Anruf oder eine SMS erhalten haben?

Wie viel Zeit vergeht nach dem Erklingen des Email-Tons, bis sie nachsehen, vom wem sie die Mail erhalten haben?

Welches Gefühl macht sich in ihnen breit, wenn sie bemerken, dass ihr Handy verlorengegangen ist oder vielleicht sogar gestohlen wurde?

Wir leben in einem wunderbaren Zeitalter, in welchem uns die moderne Kommunikation viele Arbeitsschritte erleichtern kann. Ja, kann! Sofern **wir** sie kontrollieren und uns nicht von ihr kontrollieren lassen! Setzen wir dieses Geschenk unserer Zeit falsch ein und geben ihm zu viel Kraft (you give power), kann es über unser Leben bestimmen. Es liegt somit, wie so oft an ihnen, ob sie Dinge

a.) **besitzen** wollen oder

b.) sich von ihnen **besitzen lassen**, denn sie wissen

„…nicht das, was man in den Händen hält, sondern das, was man im Herzen hat, erhöht den Wert eines Menschen.“ [20]

Anruf beendet!

Wie es jetzt hier bei mir weitergeht? Wir werden sehen. Jetzt widme ich mich einmal meinem CHI und meiner ATMUNG.

© Joe WOLF 2011, The New York Shaolin Temple, inside

Die „CHI“ Fabrik
Shaolin Temple, 446 Broadway

Kung Fu würde übersetzt so viel wie „hart arbeiten“ heißen. In unseren Breitengraden hat sich dieser Begriff fälschlicherweise als Synonym für die chinesischen Kampfkünste eingeschlichen. Jeder kann Meister des Kung Fu werden, ob Tischler, Bankangestellter, Lehrer oder CEO eines Weltkonzerns. Wenn er, bzw. sie immer nur „hart genug an sich arbeitet“.

Der Begriff CHI ist hier schon etwas passender. CHI oder QI würde man mit Energie und Kraft übersetzen. CHI ist in und um uns. Wir haben die Möglichkeit, unser CHI dorthin zu lenken, wo wir es augenblicklich benötigen. Wir steuern es! Wir haben die Kraft (power), Dingen und Situationen die nötige Energie zu geben.

Völlig erschöpft nach einem langen Arbeitstag zu Hause angekommen, blockieren die Spielsachen der Kinder die Einfahrt. Die Mülltonne ist auch noch nicht nach vorne gestellt. Morgen kommt doch die Müllabfuhr! „Alles bleibt immer an mir hängen“

Jetzt liegt es an ihnen, ob sie Ihr CHI [18] in „negative“ Bahnen lenken, sich darüber aufregen und mit ihrem gestressten Gemüt die Haustüre öffnen und so ihren Liebsten entgegentreten **oder**:

Ob sie nach dem Slogan MORE CHI handeln, sich aus dem Auto schwingen, das Wegräum Ritual als Aufwärmübung betrachten und sich darauf freuen, ihre Kinder in den Arm zu nehmen!

Ihre Entscheidung!

Es liegt in ihrer Macht, ihr CHI zu lenken. Dieses Wissen erstreckt sich bei den Shaolinmönchen bereits über einen Zeitraum von mehr als 1500 Jahren. Hier wurde an Techniken gefeilt, das vorhandene CHI z.B. an bestimmte Zonen des Körpers zu lenken und ihn somit resistenter gegen physische Krafteinwirkungen (Schläge oder Stöße) zu machen.

Leben sie ihr Leben mit CHI?

Betrachten sie sich einmal aus der Vogelperspektive.

Wie stehen, gehen oder sitzen sie?

Wie ist ihr Gesichtsausdruck?

Mit welcher Lautstärke setzen sie ihre Stimme ein?

Wie neugierig sind sie?

Beweisen sie auch genug Mut, um auch die banalsten Fragen zu stellen?

All das sind Fragen, die man ebenso gut stellen könnte um festzustellen, wie gut es um ihr Selbstbewusstsein beschaffen ist. Das ist auch der springende Punkt.

Menschen, die ihr CHI richtig einsetzen, leben bewusster, stehen, gehen und sitzen aufrechter. Sie lächeln immer, ihr Gesicht spiegelt einen zufriedenen Gemütszustand wider, weil sie mit sich zufrieden sind. Sie sprechen mit angepasstem Tonfall, wenn nötig erheben sie ihre Stimme, so dass jeder sie versteht. Und sie stellen Fragen. Die Welt ist ein riesiger Spielplatz, den es Tag für Tag neu zu entdecken gilt. Selbst die lächerlichsten Fragen dürfen gestellt werden. Niemand kann erwarten, dass man alles weiß. Oder wissen sie was „Cuji Quantao“ [34] bedeutet?

„Dumme Fragen gibt es nicht!
Dumm wäre es allerdings, Fragen nicht zu stellen!“ [35]

© Joe WOLF 2011, The USA Shaolin Temple, 446 Broadway, outside

Amituofo (Amitābha) [36]

Als ich die Tür öffnete, stieg mir sofort der muffelige Geruch des leicht nach links abfallenden Treppenhauses in die Nase. Ich spürte wie mir die Gänsehaut über meinen ganzen Körper lief. Dies ist jetzt Realität, die Erfüllung meines Traumes. Aus diesem Grund habe ich diese Reise und alle ihre damit verbundenen Strapazen im Vorfeld auf mich genommen. Obwohl der New York Tempel in einem Wohnhaus direkt am Broadway untergebracht ist (der eigentliche Tempel wird derzeit Upstate New York errichtet), hatte dieser Raum trotz allem eine unglaubliche Atmosphäre, welche man spüren, jedoch mit Worten nicht erklären konnte. Mein erstes „Amitābha" (O-mi-to-fo ausgesprochen) zelebrierte ich mit einer tiefen, respektvollen Verneigung vor meinem Sifu (Lehrer) und dem Trainingsraum.

Die unterschiedlichen Arten des Trainings zu vergleichen würde ich niemals wagen. Vielleicht lag es auch daran, dass ich noch etwas müde von der langen Reise war oder einfach schon länger kein Training absolviert hatte. Aber wen interessiert's? Abgesehen davon: NO EXCUSES!

Die sprichwörtlichen Sterne hab ich ja schon des Öfteren gesehen. Damals allerdings war der Grund meistens ein Treffer meines Gegners. Diesmal sah ich sie (obwohl ich keine freie Sicht zum Himmel hatte), einfach nur, weil ich mich überanstrengte. Kurz vor der vollkommenen Finsternis, kam das erlösende Kommando „You can walk" und wir durften ein paar Verschnauf-Runden gehen und auslockern.

Der Begriff „harte Arbeit" passt in diesem Fall, so wie die Faust aufs Auge (Anm.: scherzhafter Begriff aus der Welt des Kampfsports). Das Interessante daran ist die Kontrolle über das eigene CHI. Wer sich regelmäßig Überprüfungen in Form von Herausforderungen dieser oder ähnlicher Art stellt (habe ich ja schon in einem der vorigen Kapitel erwähnt), hat die Möglichkeit, am Ende die Herrschaft über sein CHI zu erlangen. Das ist jedoch ein sehr langfristiges Ziel, bei dem wie immer der Weg im Vordergrund steht und nicht die Zielerreichung.
Paradox daran ist, dass obwohl man nach einem Training eigentlich todmüde sein müsste, man im Gegenteil, vollkommen frisch und munter den Trainingsraum verlässt.

Das Ritual der sogenannten „Cleaning Meditation“ weckte in mir wieder meinen teilweise unterdrückten Putzwahn. So kam es, dass ich den nächstbesten Mopp an mich riss und mit viel CHI und einem Buddha-Lächeln im Gesicht, den Boden schrubbte als würde es kein Morgen geben. Was mich dabei am meisten glücklich machte, war eine weitere Einsicht:
„Ich strenge mich an, habe Mut bewiesen und bin tausende von Meilen über das Meer geflogen. Ich lasse mich quälen, putze und schrubbe freiwillig und am liebsten 2x pro Tag und **zahle auch noch dafür***!!!*

Ist das nicht verrückt?

© Joe WOLF 2011, Cleaning Meditation in Shaolin Temple

Jeder Schüler findet seinen Meister, wenn er ihn finden soll.

Diese Erkenntnis, welche für Ausbildungen in asiatischen Kampfkünsten die Regel bedeutet, könnte man im Wirtschaftsleben folgendermaßen darstellen:

Der Kunde (Schüler), sucht seinen Lieferanten (Meister), da er ja etwas von ihm benötigt und ist **dankbar**, von ihm betreut zu werden. Er ist sogar bereit, für dessen einzigartige Leistungen Opfer (z.B. in Form eines höheren Preises) in Kauf zu nehmen. Dadurch bildet sich eine langfristige Partnerschaft, die auf Respekt beruht. Da „Ehre" in solchen *Geschäfts*-beziehungen mehr zählt als bedrucktes Papier wird auf jenes auch verzichtet.

Dies ist eine wunderbare Vorstellung, die aus dem japanischen Weg des Kriegers „Bushido" (Ehrenkodex der Samurai) resultiert. Um ehrlich zu sein, funktionierte diese Art des Geschäftemachens nur sehr kurz. Nach der Öffnung zum Westen im 18. Jahrhundert, überholten der Kapitalismus und die Profitgier sehr schnell die jahrhundertelang gelebten „Wert- und Moralvorstellungen" des japanischen Volkes. In der Kampfkunst allerdings, blieben sie als „wohlgehütetes" Geheimnis wahrer Meister bis heute bestehen.

Um wieder in die heutige Geschäftswelt zurückzukehren, muss man sagen, dass es in der Realität meistens so aussieht:

Die Lieferanten (Meister) tun fast alles um Kunden (Schüler) zu finden. Nicht selten wird das Preisdumping bis zum vollkommenen Kollaps ganzer Branchenbereiche betrieben. Oft zählen Auftragsvolumen und Größe mehr als die Treue eines Kunden und bestimmen auch sehr oft die Umgangsformen mit jenen. Im Gegenzug dazu wird die Handschlagqualität durch unübersichtliche Vertragsausstiegsklauseln ersetzt, welche es dem Kunden dann sehr oft erschweren, einen bestehenden Vertrag aufzulösen.

Sie mögen jetzt über meine Theorie vielleicht schmunzeln. Wenn wir es aber genauer betrachten, basiert dieses Verhalten auf Dankbarkeit. Im Grunde wollen wir etwas haben, wobei uns unsere Entscheidung durch die Vielzahl der verschiedenen Anbieter oft sehr schwer gemacht wird. Unser Misstrauen (sie erinnern sich an das Kapitel?) trägt noch das seine dazu bei, uns die Auswahl zu erschweren, denn es könnte ja dort noch billiger sein, bzw. bekommen wir bei Anbieter Z noch einen Bonus für den nächsten Kauf.

Das einzige worüber wir uns im Klaren sein sollten ist die genaue Vorstellung dessen, was wir wirklich haben wollen! Wissen wir das, dann können wir auch ohne zu zögern handeln. Meist ist es unser Bauchgefühl, das uns die richtige Entscheidung sofort nach unserer Fragestellung liefert. Einzig unser Verstand wiegt alle Möglichkeiten ab, analysiert, vergleicht und trifft dann meist eine rationelle Entscheidung. „Bushido (Der Weg des Kriegers) würde hier vorschlagen innerhalb von sieben Atemzügen zu entscheiden.“ [37]

Wenn ich ihnen sage, dass Bauchentscheidungen, auch wenn sie anfänglich nicht immer die als die klügsten und günstigsten erscheinen, am Ende doch die besten sind, würden sie mir dann glauben?

Na dann, folgen sie mir mal wieder

Die Waschmaschine

Frau B. entschließt sich zum Kauf einer neuen Waschmaschine mit integriertem Trockner. Nach regelmäßiger Durchsicht der Werbefolder und Erkundigungen bei diversen Elektromärkten, entscheidet sie sich zum Kauf beim freundlichen Elektrofachhändler gleich um die Ecke.

Einen Tag vor ihrem Kauf erhält sie einen Prospekt einer bekannten Elektrogroßhandelskette, bei dem sie das gleiche Modell der Waschmaschine entdeckt, welches um hundert Euro bei Selbstabholung günstiger angeboten wird.

So änderte sie ihren bereits getätigten Entschluss, bei welchem sie ohne viel zu zögern nach ihrem Gefühl gehandelt hätte und entschied sich für die „rationellere" Lösung des günstigeren Produktes.
Nach dem Kauf steht Frau B. vor dem ersten Problem. Die Großhandelskette bietet den Lieferservice nur als kostenpflichtige Zusatzleistung an. Da sie allerdings im 3. Stock wohnt, bleibt ihr keine andere Wahl, als diesen in Anspruch zu nehmen. Beim Anschluss der Waschmaschine ist dem Techniker ein kleiner Fehler unterlaufen, da er vergessen hat, ein Sicherheitsventil zu öffnen. So muss sie sich für eine halbe Stunde in der telefonischen Warteschleife der Großhandelskette anreihen, um schlussendlich zu erfahren, dass der nächste Techniker erst in 4 Tagen einen freien Termin hat.
Da ihr dies zu lange dauert, konsultiert sie schlussendlich den Besitzer des Ladens um die Ecke, bei welchem sie ursprünglich ihren Kauf tätigen wollte. Dieser kommt prompt am selben Tag vorbei und kann den Schaden in Windeseile beheben. **Kostenlos!** „Übrigens betreue ich über ihre Hausverwaltung auch die Mieter ihrer Anlage und seit vorgestern wurde vertraglich vereinbart, dass sie bei jedem Kauf in meinem Laden einen Rabatt von 15 Prozent erhalten."

Was bleibt ist viel Ärger, hoher Zeitaufwand, und das schlechte Gewissen gegenüber dem Elektrofachhändler für eine 100 Euro Ersparnis, welche mittlerweile keine mehr ist. Ich hab´s gewusst: „Wer billig kauft, kauft am Ende teuer." [38]

Natürlich ist dies eine erfundene Geschichte. Aber wer hat solch ähnliche Geschichten nicht schon selbst erlebt? Würde man des Öfteren seinem Bauchgefühl vertrauen und die getroffene Entscheidung gutheißen, dann blieben Erlebnisse wie das eben zitierte aus.

„Entscheidungen treffen
Eine Formel als Hilfestellung“ [39]

Warte! (tue zunächst einmal nichts und widerstehe dem Drang sofort zu handeln)

Atme! (sei bei dir, sammle deine Gedanken, bringe dich ins Hier und Jetzt. Wecke deine Intuition)

Denke! (betrachte die bevorstehende Problemstellung als eine Herausforderung, die es zu bewältigen gilt. Frage dich wozu es dient und wohin du willst)

Glaube! (vertraue)

Lebe! (tue, setze um, bringe es zu Ende)

Danke! (für diese und weitere auf dich wartende Herausforderungen)

Der Umzug und seine Zweifel

6.30 a.m. Ortszeit NY. So früh bin ich noch nie aufgewacht. Heute ist der große Tag des Umzugs. Vielleicht bin ich ja auch einfach nur nervös? Wird das wirklich alles so klappen, wie ich es mir sprichwörtlich „gewünscht" hatte? Werde ich mit meinen Sachen den langen Weg in den Tempel schaffen, um rechtzeitig zum Training zu erscheinen? Wie sieht mein neues Zuhause aus? Wird mich mein, bis jetzt noch unbekannter Freund wirklich abholen? Wie viel Geld brauche ich täglich, um in diesem Großstadtdschungel überleben zu können?

Warte, halte inne!

Eigentlich habe ich das Gefühl, dass ich aufstehen und eine Handlung setzen sollte. Nur welche? Anstatt dieses mächtige Gefühl zu bekämpfen, begebe ich mich nochmal in eine entspannte Rückenlage und tue zunächst einmal gar nichts, außer einfach nur dazuliegen.

Atme!

Jetzt konzentriere ich mich auf meinen Atem. Ich lege meinen beiden Handflächen auf meinen unteren Bauchbereich (Dan tian) und fühle, wie sich dieser bei jedem Mal Einatmen leicht hebt und beim Ausatmen wieder senkt. Diese „Bauchatmungstechnik" ist der Grundstein für jede asiatische Kampfkunst und sollte noch vor allen anderen, physisch weit anspruchsvolleren Übungen, die Basis der Bewegungskunst bilden.

Für all jene, die sich damit beschäftigen möchten, kann ich Qi Gong oder Tai Ji Quan Kurse nur wärmstens empfehlen. Atmen bringt Ruhe im Jetzt. Ruhe wiederum ermöglicht ihrer Intuition sich zu entfalten.

Denke!

Wozu dient es? Was will ich denn eigentlich? Was ist es, das mir Angst macht? Werden sie sich darüber im Klaren wohin sie wollen! „Denn, nur wer sein Ziel kennt, findet auch den Weg!" [40]

Diese Geschichte beginnt mit einem Traum, welcher erfüllt werden wollte. Wenn ich mir also jetzt in Erinnerung rufe, dass ich auch dieses Mal auf mein Bauchgefühl hören sollte, da mein Verstand alle möglichen Ablenkungsmanöver startet, um wie in der Vergangenheit wieder eine rationelle Entscheidung zu treffen, beginne ich über mich selbst zu schmunzeln! Ich weiß wohin und was ich will! Ich habe meine Reise begonnen, also werde ich diesen Weg weiter beschreiten, selbst wenn er „steinig" werden sollte. Ich vertraue in mich!

Glaube!

Ich denke, dass jeder Mensch für sich entdecken sollte, woran er glaubt. Aber bitte, glauben sie! Und verwechseln sie „Glauben" nicht mit „Wissen". Glauben zu können, heißt nicht das „Wie" und „Warum" verstehen zu müssen. Glauben sie einfach, tun sie es! „Denn nur wer das Unsichtbare sieht, kann das Unmögliche schaffen!" [41]

Diesen Spruch, welcher seinen Ursprung in der Heiligen Schrift hat, möchte ich durch einen weiteren, ergänzen, der ebenfalls der Bibel entspringt: „Die Welt sagt: um etwas zu glauben, musst du es zuerst sehen, Gott sagt: Nur wenn du daran glaubst, wirst du es auch sehen." [9]

So wird die Kraft des Glaubens selbst für jene verständlicher, die erst an Wunder glauben, wenn sie diese sehen. Dass sie dabei alltägliche Wunder als solche nicht mehr wahrnehmen, liegt dann meistens daran, dass man diese als „Selbstverständlichkeiten" betrachtet.

Die nachfolgenden Zeilen mögen vielleicht heuchlerisch klingen, wenn ich sie jedoch überzeugen kann an Gott zu glauben, dann nehme ich gerne den „**Heuchler**" in Kauf. Vielleicht ist es ja bei Menschen, welche sich schon einmal unfreiwillig mit dem Tod auseinandersetzen mussten anders. Manchmal führen gerade solche Schicksalsschläge wieder zurück zu Gott und dem Glauben.

Ich für meinen Teil habe das Beten zu einem regelmäßigen Ritual erkoren. Es stärkt mich und verleiht mir das Gefühl, selbst in den manchmal aussichtslosesten und einsamsten Situationen nicht alleine zu sein. Es ist Gottes Weg den ich eingeschlagen habe. Deshalb vertraue ich ihm auch mein Leben an. Er wird mir den Weg bereiten. Und ich habe aufgehört, so manchen Umweg mit einer Abkürzung nehmen zu wollen. Deshalb sollten ihre Gebete (oder Wünsche, wenn sie so wollen) nicht mit einem „Bitte“ sondern einem demütigen „Danke“ beginnen. Denn jeder Schicksalsschlag, jede Herausforderung ist eine von Gott gestellte, immer wiederkehrende Prüfung, die ihnen auf ihrem Weg durch das Leben so lange gestellt wird, bis sie diese Hürde erfolgreich überwunden haben. Sie können gerne daran vorbeilaufen und somit den Hürdenbauer (Schöpfer) kurzzeitig überlisten. Allerdings wird es ihnen nicht erspart bleiben, diese zu einem späteren Zeitpunkt, vielleicht sogar unter widrigeren Umständen, nochmals überwinden zu müssen.

„Das Leben ist ein von Gott geschriebenes Buch,
lass es auch von Gott schreiben!“ [42]

Mit Jesus an meiner Seite und der Gelassenheit von Buddha, dem ich ebenso danke, vertraue ich Ihm mein Leben an. Denn wie heißt es in der Bergpredigt so schön:

„Wer bittet, der empfängt.
Wer sucht, der findet.
Wer anklopft, dem wird geöffnet.“ [43]

Somit seien sie sich im Klaren darüber:

1.) Worum sie bitten!
2.) Was sie überhaupt wollen, denn erst wenn sie das wissen, können sie es auch empfangen!
3.) Tun sie auch etwas dafür, setzen sie die ersten Schritte, niemand kann helfen, wenn er nicht zuerst darum gebeten wird!

Gönnen sie sich diese Zeilen einmal in Ruhe und wenden sie sie auf Alltagssituationen an. Sie werden erstaunt sein, wie viel Spaß es macht zu entdecken, welche Kraft in diesen Worten steckt. Glaube und vertraue!

Lebe!

Mit dem soeben gewonnenen Vertrauen beginnen sie jetzt, ihre Gedanken in Taten umzusetzen.

„Gedacht wurde genug, jetzt ist es an der Zeit zu handeln!“ [44]

Also, leben sie und preschen sie auf die ihnen gestellten Herausforderungen los, unabhängig davon, wie hoch die Hürden oder dick die Mauern sein mögen. Sie glauben und sie vertrauen, also tun sie es auch! Falls nicht überdenken sie den Absatz „**Glaube!**“ nochmals!

Und..... sie werden es schaffen! Besser noch, sie haben es geschafft! Auch wenn sie die Herausforderung physisch noch nicht gelöst haben sollten. Haben sie es erst einmal in ihrem Geiste geschafft, dann wird der Rest folgen. Aber bedenken sie: Lassen sie sich nicht hetzen. Take your time! „Sollten sie einmal in Eile sein, dann schalten sie auch noch einen Gang zurück. Fehler die sie unter Zeitdruck machen, verzögern ihre Handlungen nur noch zusätzlich!!!“ [45]

Denn wie sagt Buddha so schön: „Dorthin wo der Geist schon ist, wird der Körper folgen!“ [46]

Da ich davon ausgehe,
dass sie es geschafft haben.
Herzliche Gratulation!!!

Danke!

Seien sie dankbar für jede Herausforderung, welche ihnen gestellt wurde. Sie ist und wird eine immer wiederkehrende Prüfung sein. Je gelassener sie diese annehmen, desto höher wird ihre Erfolgsquote beim Überwinden dieser Hindernisse!!! Also, seien sie dankbar und feiern sie auch ihre Erfolge. Nehmen sie sich die Zeit und applaudieren sie sich selbst (wenn auch nur im Geiste).

Oftmals werden nach dem Erreichen eines Zieles die Strapazen und Mühen vergessen, da man es ja ohnehin hätte schaffen müssen! So werden Erfolge sehr schnell heruntergespielt und durch neue Ziele sofort wieder verdrängt.

Seien sie für jeden Erfolg dankbar. Etwas geschafft zu haben ist vergleichbar mit einem Segen, „und wer den Segen verweigert, erhält dafür ja bekanntlich den Fluch!“ [47]

Segnen sie also bevorstehende und bewältigte Taten mit einem „**Danke!**“ Bedenken sie, dass jede heute erlittene Niederlage, morgen bereits ihr größter Erfolg sein kann!

Und wenn es nicht gleich beim ersten Mal klappen sollte, rufen sie sich das Kapitel, mit der „harten Arbeit“ (Kung Fu), in Erinnerung!

Also, sammeln sie ihr CHI und „NO EXCUSES“

DANKE, THANK YOU, MERCI, XIÉ XIE,
KAMSAHAMNIDA, DOMO, GRAZIE....

“There are times in life when you gotta crawl,
lose your grip, trip and fall.
When you can't lean on no one else,
that's when you find yourself.
I've been around and I've noticed that
walk-in's easy when the road is flat.
Them danged 'ole hills will get you every time.
Yeah, the good Lord gave us mountains so we could learn
how to climb. (Song by Lonestar, Mountains)” [48]

© Joe Wolf 2011 - Mein Freund, meine Unterkunft, mein Auto, mein Schicksal

Wieder Zu Hause

Ruhe kehrt ein und der Abstand von der Großstadt lässt mich auch wieder langsam zur Ruhe kommen. Ehrlich gesagt, haben mir der Lärm, die Hektik und die vielen neuen Eindrücke nicht einmal Zeit gegeben, geistig einmal kurz „durchzuatmen".
Jetzt sitze ich hier in meinem kleinen, extra für mich renovierten Zimmer in einem Vorort NYs und realisiere langsam, was in der letzten, meiner ersten Woche, alles geschehen ist.
All meine Wünsche nach freier Unterkunft, regelmäßigem Training und die Stimme für meinen neuen „inneren Auftrag" zu öffnen, sind innerhalb von nur einer Woche in Erfüllung gegangen.
Nur ein Gespräch zum richtigen Zeitpunkt und die Verbindung zu meinem Unterkunftgeber war hergestellt. Heng Cài, ein leidenschaftlicher Kampfkünstler, der selbst im Shaolintempel New York trainiert, empfängt mich herzlich. Mit seinem 320 PS Mustang holt er mich von der örtlichen Bushaltestelle in Spring Valley ab und bedankt sich bei mir. Bei mir? Ja, auch er hatte einen Wunsch ans Universum geschickt. Er lebt sehr einsam in seinem kleinen Haus in Spring Valley. Nach einer kurzen Unterbrechung seines Studiums fällt es ihm schwer, wieder den Weg zurück in die Regelmäßigkeit zu finden. Seine Strukturen sind irgendwann in den letzten Monaten verloren gegangen.
Nach dem ersten Welcome Drink im local Pub stellen wir fest, dass uns das Prinzip des WU WEI zusammengeführt hat.
„Mein Heim ist dein Heim, benutze meinen Wagen wann immer du willst, fühle dich einfach wie zu Hause!"
Und das tat ich von der ersten Sekunde, als ich die Tür zu meinem neuen zu Hause für die nächsten 3 Monate öffnete!

Thank you brother!

Trotz all dieser positiven Ereignisse sitze ich jetzt hier und wünsche mir am liebsten zu Hause in meiner gewohnten Umgebung zu sein. Mit meinen Kindern den Sonntag vor dem TV Gerät zu verbringen, sich auf die kommende Woche vorzubereiten und den Tag zu genießen.

Warum? Den Ausschlag für dieses überwältigende Gefühl von Heimweh hat, wie schon des Öfteren, die moderne Technik gegeben.

Das hauseigene Wireless LAN hat mich in den Anfangsminuten des Gesprächs mit meiner größeren Tochter unterbrochen und lässt sich nicht mehr starten. Die Hilflosigkeit, nicht das gesagt zu haben (in meinem Fall wollte ich einfach nur mitteilen, dass mein Umzug gelungen ist und es mir gut geht – also kein „big deal“) geben mir das Gefühl, etwas nicht vollendet zu haben.
Vielleicht ist es ja auch nur ein wiedereinkehrender Alltag, den ich seit Wochen so erfolgreich bekämpfen konnte. Jetzt allerdings schleicht er sich anscheinend wieder in mein Leben, wenn auch vielleicht in etwas abgeänderter Form und in einem anderen, weit entfernten Land.

Alltag, every day life

Solange man die Dinge in Bewegung hält, sein Leben spannend gestaltet und für die notwendige und regelmäßige Abwechslung sorgt, gibt es keinen sogenannten „Alltag“. Speziell in den letzten Jahren hat dieser Begriff in unserer schnelllebigen Zeit einen negativen Beigeschmack angenommen. Alltag bedeutet immer und immer wiederkehrende Dinge durchleben zu müssen. Die Betonung möchte ich absichtlich auf „müssen“ legen. Sie verstehen was ich meine? Nein?

Na gut, dann folgen sie mir bitte!

Frank ist ein 35 jähriger Familienvater, der als Elektriker sein tägliches Brot verdient. Grundsätzlich mag er seinen Job. Die Welt mit Energie zu versorgen, war schon als Kind ein Traum, den er sich dann in diesem Beruf erfüllen konnte. Es war einfach immer wieder eine wohltuende Befriedigung, die sich einstellte, wenn z.B. in einem neuen Gebäude die Elektrik verlegt wurde und Strom und Licht überall vorhanden waren. Ebenso bietet diese sich ständig entwickelnde Materie genug neue Herausforderungen.

In den letzten beiden Jahren ist Frank allerdings nicht mehr mit demselben Enthusiasmus bei der Sache wie es in der Zeit davor der Fall war. Von seinen Arbeitskollegen hört er teilweise Aussagen wie: „Willkommen in der Realität, so sieht’s aus, wenn man als Familienvater Verantwortung übernimmt“.
Und so Unrecht hatten sie seiner nach Ansicht ja auch nicht. Früher war das alles viel einfacher, unbeschwerter und spontaner. Heute wird am Monatsende abgerechnet. Miete, Kreditrückzahlungen, Lebenserhaltungskosten, 2 Mobiltelefone und und und …

All diese Dinge müssen ja auch irgendwie finanziert und am Laufen gehalten werden. Schließlich gönnt man sich ja sonst nichts. Und die anfängliche Arbeit wird zu einer Routine, bei der man einfach teilweise nur mehr präsent ist, um eben das nötige Geld für die Fixkosten zu verdienen. Die Motivation kommt nur mehr aus dem Bankomaten. Und so steht man eben frühmorgens auf, geht zur Arbeit, kommt nach einem langen Tag nach Hause zu Frau und Kind, freut sich auf das Wochenende, den gemeinsamen Sommerurlaub und vielleicht, wenn dann mal der erste große Kredit abbezahlt ist, kann man sich ja noch den einen oder anderen Wunsch oder Traum erfüllen. Bis dahin allerdings, übernimmt die tägliche Routine die Macht über Franks Leben.

Haben sie schon von Menschen gehört, die aus diesem Alltag dann plötzlich ausbrechen, ja? Wie viele davon kennen sie, die es getan haben, ohne, dass sie zuvor ein gravierender Schicksalsschlag zum Umdenken bewogen hat?

Alltag, um es jetzt im Klartext auszudrücken, ist weder schlecht noch gut. Es hängt einzig von ihrem Gemütszustand ab, wie sie diesen Alltag sehen wollen. Es mag auch Menschen geben, die sich nach einem aufwühlenden und sehr abenteuerlichen Urlaub, bei dem so gar nichts funktioniert hat, wie im täglichen Leben sonst auch, wieder auf den Alltag und die damit einhergehende „sichere“ Routine gefreut haben sollen.

Also, um jetzt auch gleich hier unsere Formel anzuwenden. Warten sie erst einmal, bevor sie die tägliche Routine und das Hamsterrad verdammen. Nehmen sie sich Zeit und betrachten sie die Situation einmal in Ruhe. Ist es wirklich so schlimm? Wie wäre es, wenn sie diesen Alltag jetzt vollkommen durchbrechen und durch etwas Neues, Aufregendes in ihrem Leben ersetzen?
Stellen sie sich diese Frage in Ruhe. Bewerten sie nicht, spinnen sie den Gedanken einfach weiter. Wie lange wurde es dauern, bis sich in diesem neuen Leben auch wieder der Alltag einschleicht? Ob sie auf einer Karibikinsel jeden Tag unter Palmen sitzen, dem Rauschen des Meeres zuhören und genüsslich einen frisch gemixten Cocktail trinken. Spätestens nach einer gewissen Zeit wird auch das zur immer wieder kehrenden Routine.
„Kaviar isst man auch nicht alle Tage“ habe ich einmal gehört und es so interpretiert, dass der Alltag etwas sehr positives an sich hat. Manches Mal sollte man jedoch seine Komfortzone verlassen und sich auf die eine oder andere kleine Abenteuerreise wagen. Wie weit sie dabei gehen möchten, hängt ganz allein von ihnen ab.

Garantieren kann ich ihnen nur eines.
Das hält ihr Leben und vor allem sie in Schwung!

Da ich an der aktuellen Situation nichts ändern konnte, brachte ich einmal mein neues Zuhause auf Vordermann und tat sozusagen, was die Internetthematik anbelangte, vorerst einmal nichts. Außer daran zu ***glauben****, dass es weitergehen würde. Ich akzeptierte und widmete mich anderen Aufgaben.*

Jetzt sitze ich entspannt in meinem gemütlichen Barockstuhl, höre mir MP3s an und surfe wieder im Internet. In der Zwischenzeit habe ich ein 30 minütiges Skype-Telefonat mit meinen Kindern geführt, war in einer der größten Shopping Malls in den USA, habe wieder (leider) vergebens nach einem genießbaren Espresso gesucht, Früchte und Lebensmittel eingekauft. Ich habe mich an meinen neuen Alltag gewöhnt, den ich jetzt sogar mag. Und ich habe an meine Freundin gedacht. Life is still going on, so don't you waste your time boy!

Though I miss you
Wanna kiss you
You're in my heart
because the angels are my guard
(For my girlfriend R., Spring Valley 2010)

Die (innere) Unordnung

Meinen Putz-Wahn habe ich ja bereits in einem der vorherigen Kapitel erwähnt. Meine Wohnung ist ein sehr ordentlicher Platz und immer, damit meine ich wirklich immer, aufgeräumt und sauber. Sie werden sich vielleicht fragen ob ich einen Ordnungs-Tick habe? Ja, den habe ich und zu diesem stehe ich auch.

Also können sie sich vielleicht auch vorstellen, wie ich mich gerade fühle. Ich sitze in einem wunderschönen Haus in einem der Vororte New Yorks, mein Zimmer ist, wie immer, ordentlich und sauber aufgeräumt. Einen Stock höher herrscht allerdings das Chaos und ich kann mich kaum zurückhalten, nicht das Geschirr abzuwaschen, den Tisch von all den vielen Papier- und Plastiktüten zu befreien und dem Raum wieder den ihm zustehenden Glanz zu verleihen, den er eigentlich verdient hat.

Es fällt mir zugegebener Maßen nicht immer leicht meine selbst auferlegte Disziplin immer und überall einzuhalten. Es ist eher eine Frage des Respekts gegenüber meinem Umfeld. Denn, so wie ich dieses behandle, behandle ich mich selbst, bzw. werde so behandelt.

Da ich mich, in solchen Dingen allerdings zurückhalte und niemandem auf die Nerven gehen möchte, bleibe ich hier in meinen ordentlichen 4 Wänden und entziehe mich dem Chaos, das nur einen Stock über mir herrscht. Vielleicht ist es ja auch nur mein inneres Chaos, das ich in mir aufräumen sollte. Who knows?

So halte ich mich an einen meiner Lieblingsaussprüche und lehne mich zurück, schlürfe genüsslich an meiner Diet Coke und übe mich dabei in Gelassenheit. Denn:

„Gelassenheit ist eine anmutige Form des Selbstvertrauens“ [49]

Respekt

Die Cleaning Meditation bildet den Abschluss eines harten, aber auch sehr meditativen Trainings im Shaolintempel. Mit dem „Aufräumen, Abstauben und Aufwischen“ zollt man dem Raum den nötigen Respekt, den er verdient.
Er ermöglicht es Gleichgesinnten zusammen zu kommen und sich in der Kunst der „harten Arbeit“ (Kung Fu) zu verbessern.
Die Grundmessage, die hinter diesem Gedanken steckt, ist allerdings eine sehr tiefgründige. Genauso wie ich diesen Raum behandle, in dem ich mich aufhalte um mich auf meiner spirituellen Reise durch mein Leben weiterzubilden, genauso behandle ich mich selbst.
So verhält es sich nach dem „Spiegel Gesetz (Anm.: Jaques Lacan)“ mit allen Dingen, die man im Leben macht. Betrachten sie die Reflexion ihres Spiegelbildes und sie werden merken, dass es nicht die anderen sind, die für ihre mögliche Unzufriedenheit verantwortlich sind. Es ist immer ihr Ego, das in diesem Spiegel reflektiert wird.

Eine Übung die ich bei Schulkindern im Alter von 6 bis 10 Jahren anwende ist jene des Erläuterns eines Begriffes aus der sogenannten „Erwachsenensprache“. Im Übrigen verwende ich diese auch bei Erwachsenen-Seminaren. Sie wären über die teilweise sehr unterschiedlichen Ergebnisse erstaunt. Wie auch immer. Die Frage, die ich dabei stelle lautet:

Erkläre mir bitte den Begriff Respekt!
(In meinen Seminaren mit Erwachsenen verwende ich den Zusatz „mit den Worten eines Kindes)

Also, wie würden sie den Begriff „Respekt“ genau definieren? Aber bedenken sie, sie dürfen weder Fachbegriffe, noch sonstige Ausdrücke verwenden, mit denen ein 6-jähriges Kind nichts anfangen kann.

Aha, das ist also ihre Sichtweise von Respekt. WIKIPEDIA definiert den Begriff Respekt folgendermaßen:

Respekt (lateinisch respectus „Zurückschauen, Rücksicht, Berücksichtigung", auch respecto „zurücksehen, berücksichtigen") bezeichnet eine Form der Wertschätzung, Aufmerksamkeit und Ehrerbietung gegenüber einer anderen Person (Respektsperson) oder Institution. Eine Steigerung des Respektes ist die Ehrfurcht, etwa vor einer Gottheit.

Wenn sie den Begriff jetzt einem 6-jährigen in diesen Worten erklärt hätten, würde er sie wahrscheinlich fragen: Was ist denn eine „Ehrfrucht"? Und was ist Wertschätzung? Ist das „Instuzion" etwas zum Essen?

Ich gehe jetzt einmal davon aus, dass sie keines dieser Wörter verwendet haben. Aber wie sie sehen ist es oft gar nicht so leicht, in einfachen Worten bestimmte Begriffe zu definieren und ihnen eine passende Bedeutung zu geben.

Kinder verwenden für diese Erklärungen sehr oft Geschichten. Eine, an die ich mich persönlich sehr gerne zurückerinnere, und die ich selbst oft in meinen Erwachsenen Seminaren verwende ist jene:

„Das ist, wenn man jemandem etwas tut, das man selber nicht will, und deshalb soll man es auch nicht tun!"

Haben sie diese Logik verstanden? Für mich, und bitte respektieren sie, dass dies meine persönliche Meinung ist, ist Respekt folgendermaßen definierbar:

Es ist die Aufmerksamkeit, die Anteilnahme und die Art der Behandlung, die ich einer Person, Sache oder einer Einstellung beimesse, immer unter dem Aspekt, wie es mir dabei ergehen würde, wäre ich der/die Betroffene!

Sollte ihnen meine Interpretation, welche ich aus vielen Jahren der Kampfkunst und der Beschäftigung mit der damit einhergehenden Philosophie erfahren habe, zu schwierig sein, dann möchte ich sie an ein kleines Sprichwort aus unserem Sprachraum erinnern:

„Was du nicht willst das man dir tut, das füge auch keinem andern zu“ [50]

Diese einfache Lebensformel bei sich selbst anzuwenden, ist auch der Schlüssel zu einem Leben, dass ihnen täglich ein Lächeln ins Gesicht zaubern kann. Vorausgesetzt, dass sie dies natürlich auch möchten. Denn alles beginnt in erster Linie immer bei sich selbst. Sie können die Welt nicht ändern. Auch wenn sie diesen Ausspruch nicht hören wollen. Aber sie können durch ihre Einstellung etwas Positives zur Veränderung der Welt beitragen. In dem sie sich selbst mögen, lieben und respektieren, ist es eine Selbstverständlichkeit, dass sie von anderen ebenso gemocht, geliebt und respektiert werden. Sie können diesen Menschen mit ihrer Lebensweise ein positives Vorbild sein. Seien sie zu allem und jedem so respektvoll wie zu sich selbst. Werden sie ihre eigene „kleine“ Umwelt. Sie werden niemanden verletzen, weder seelisch und schon gar nicht körperlich. Aber Vorsicht! Daraus könnte man auch folgenden Rückschluss ziehen, welchen ich auch des Öfteren zu hören bekomme: „Ich werde verletzt und erniedrigt, also soll es den anderen auch so ergehen!“ Oder: „Ich quäle mich täglich und strenge mich an, also sollen es gefälligst die anderen auch tun!“ Es gibt sehr viele Menschen die nach diesem „Aug‘ um Aug‘ und Zahn um Zahn-Prinzip“ leben.

Sie haben die Möglichkeit, diese „Negativ-Spirale“ umzukehren, in dem sie zuerst damit beginnen, sich selbst zu respektieren. Dadurch brauchen sie niemals um den Respekt von anderen zu buhlen. Menschen, die sich selbst akzeptieren und respektieren, benötigen niemanden der ihnen dreimal täglich sagt, wie toll sie sind! Das versteht sich nämlich von selbst. ☺

Mit dieser Einstellung tragen sie ihren Teil zur Verbesserung der Welt bei, ohne auch nur einen einzigen Cent ausgeben zu müssen!

„Liebe einfach jeden so wie dich selbst, allerdings beginne zuerst damit dich selbst zu lieben!“ [51]

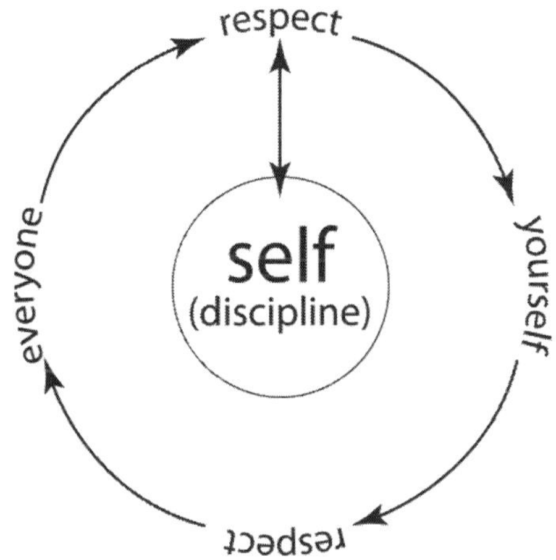

„The Circle Of Respect“

Wenn du dein SELBST zentriert hast, bist du in der Lage alles anzunehmen und zu respektieren, wie es auf dich zukommt. Dies erfordert allerdings ein hohes Maß an Selbstdisziplin und die Stärke dem Ego zu widerstreben, bestimmten Dingen/Umständen/Menschen/Beziehungen mehr Maß an Aufmerksamkeit zu schenken als anderen.
Bist du dazu in der Lage, beginnt sich der Kreis des Respekts zu schließen. Du wirst Angewohnheiten, Umstände und Geschehnisse nicht mehr hinterfragen, du wirst sie wertfrei annehmen und respektieren. Im selben Moment wird sich die ANGST, die immer das Produkt eines Mangels an Liebe ist, von alleine auflösen.
Du beginnst dich SELBST zu respektieren, unabhängig deines Aussehens oder deines gesellschaftlichen Status, denn die ANGST welche durch Vergleichen und Bewerten entsteht, existiert nicht mehr.
Das Resultat ist dein SELBSTRESPEKT. Dieser wiederum führt durch deine Authentizität dazu, dass du von jedem respektiert wirst, da du bist wie du bist!

Ich wohne in MIR

Es hat heute so an die 25 Grad Celsius (kann mich noch nicht an die Fahrenheit Skala gewöhnen) und es ist einer der letzten Tage im Oktober. Die Blätter fallen von den Bäumen, als ich heute Morgen in meinem seidenen Tai Ji Anzug in dem fast paradiesischen Garten hinter dem Haus meine Übungen mache. Breena, eine 3 jährige Schäferhündin, beobachtet mich aufmerksam und nur Gott weiß, was sie sich dabei denkt.

Vielleicht so etwas in der Art wie: „Ein Europäer, der sich den asiatischen Kampfkünsten verschrieben hat, seine religiösen Wurzeln im christlichen Glauben hat, sich im „Land der unbegrenzten Möglichkeiten" am liebsten von thailändischen Speisen ernährt und durchgehend auf der Suche nach italienischem Kaffee ist." Wie komisch klingt das?

Wo bin ich wirklich zu Hause? Was kann ich als mein „zu Hause" bezeichnen? Jetzt beschäftige ich mich allerdings weiter mit der Gegenwart, und beende mein Entspannungstraining. Sich jetzt mit Fragen dieser Art zu beschäftigen, würde in diesem wunderbaren Moment das Prinzip des „in der Gegenwart leben's", beleidigen.

Erst wenn du wirklich in dir ruhst,
wirst du jeden Ort dein zu Hause nennen können.

Es fühlt sich sehr schön an, die geborgene und beschützende Umgebung, sein Zuhause, um sich zu haben. Sollte es ihnen allerdings so ergehen wie mir, dass sie aus einer inneren Stimme oder vielleicht auch aus einer sich anbahnenden Unzufriedenheit heraus das Gefühl haben, diese Komfortzone verlassen zu müssen, **dann bitte tun sie es**.

Außer, dass es ihre Perspektive erweitert, ihnen einen unglaublichen Kick versetzt und sie zu neuen Herausforderungen antreibt, muss ich ihnen leider auch mitteilen, dass

a) Sie ihr Zu Hause wieder schätzen lernen und wahrscheinlich auch vermissen, wenn sie erst von dort weg sind und sich ihre Komfortzone wo anders geschaffen haben.
b) Sich die Dinge solange nicht ändern werden, solange sie nicht eingesehen haben, dass ihr Zu Hause nur in ihnen ist und nicht an eine örtliche Umgebung gebunden ist.

Hierbei verhält es sich wie mit den beiden Gegenpolen Yin/Yang. Diese besagen ja nichts anderes als unser Ausspruch: „Wo Licht ist, fällt auch Schatten!"

Nach meiner Scheidung fühlte ich mich plötzlich entwurzelt, so als hätte mir jemand mein Zuhause genommen. Das oftmalige Umziehen in temporäre Notunterkünfte ließ mir allerdings keine andere Wahl mich schneller an jenem Ort zu Hause zu fühlen, an dem ich mich gerade befand. Je schneller ich diesen Umstand akzeptierte, desto wohler fühlte ich mich. Unabhängig davon, ob ich in einer unmöblierten leeren Wohnung am Boden schlafen musste, oder auf dem Notbett eines Freundes.

Sollten sie die Absicht haben, ihr Äußeres Zuhause temporär oder auch für immer aufgrund einer inneren Unzufriedenheit verändern zu wollen, seien sie sich darüber im Klaren, dass es nicht die äußeren Umstände sind, die sie vielleicht unzufrieden machen. Die Unruhe kommt von innen. Die Welt ist ein riesengroßer Spielplatz und nur unsere Erziehung, die Ethik und teilweise starre soziale Lernprozesse, vermitteln uns leider viel zu oft ein bestimmtes Zuhause haben zu müssen. „Ich habe meine Wurzeln …" Ich gebe ihnen auch gerne Recht, dass sie sich mancherorts mehr verwurzelt fühlen als anderswo. Betrachtet man die Mentalität so mancher amerikanischer Staatsbürger, stellt man erstaunlicherweise fest, dass das Umziehen in einen anderen Bundesstaat, und dabei rede ich hier von oft tausenden Kilometern, keine große Sache ist.

Ich akzeptiere auch gerne die Argumente jener, die sich jetzt auf ihren Bekannten- oder Freundeskreis beziehen, den sie nicht verlassen können oder wollen. Auch hier darf ich sie erinnern: Wahre Freundschaften überwinden die Hürden von Zeit und Distanz mit Leichtigkeit. Und wenn nicht, (tut mir leid das sagen zu müssen), dann waren sie es ohnehin nicht wert, Freundschaften genannt zu werden.

Somit ist ihr Zuhause immer dort wo sie gerade sind. So wie es ihnen die Umstände eben gerade ermöglichen, egal wo sie sich befinden, seien sie zu Hause. Und sollten sie einmal Heimweh haben, tja dann versuchen sie es vielleicht mit „der Formel von Jose Silva.“ [23]

Sie sehen, ich führe sie immer wieder auf das Gleiche zurück. Nur **sie** können die Umstände verändern, oder auch akzeptieren. Es liegt ausschließlich an **ihnen**.
Also finden sie ihr Zuhause und fühlen sie sich auch wie daheim, egal wo immer sich ihr Körper und ihre Seele gerade befinden sollten. Dann können sie auch überall den Ausspruch „My home is my castle“ anwenden. Denn dieser stimmt dann auf jeden Fall, ob sie gerade fünf Tage in einem Zelt bei Minusgraden im Hochland Tibets verbringen, einen Freund um temporäre Unterkunft gebeten haben, oder einfach nur **zu Hause** sind. Das Schicksal hat sie hier hergebracht, wo sie momentan sind, nämlich in ihr **jetziges Zuhause**.

© Joe Wolf 2011 - Bear Mountain, NY, Hudson River, Oct. 2010

Der Blickwinkel

Isn't this view worth to write about it (Ist dieser Ausblick es nicht wert, darüber zu schreiben)? Das war die Frage, die mir mein Freund Cài stellte, als wir mit seinem Ford Mustang von der Aussichtsplattform wieder Richtung heimwärts fuhren. Ja, und ich muss zugeben, dass diese Aussicht, der Blick über diese in allen möglichen Rottönen getränkte Landschaft, mich mehr als nur inspiriert hat.
Vor nicht einmal noch ganz einer Woche saß ich im Herzen von Manhattan und war umgeben von Hektik und Lärm. Heute stehe ich hier, nicht ganz 40 Meilen entfernt von diesem Platz, den ich durch die im Aussichtsturm angebrachten Ferngucker sogar erahnen kann und …

… sehe all die Wolkenkratzer zusammen, und sie erscheinen mir viel kleiner als noch vor einer Woche, wo ich direkt davor gestanden war. Der Platz auf den weit ausgedehnten Felsen ist zwar optisch und akustisch das komplette Gegenteil vom Gewühle am Broadway, meine Gefühlsstimmung allerdings ist nach wie vor die selbe. Einzig die Perspektive ist eine andere. Ich habe meinen Blickwinkel zu New York geographisch verändert. Wenn man so sagen möchte, sehe ich New York jetzt von einem etwas anderen, weiter entfernteren Standpunkt. Dennoch ist es immer noch dieselbe Stadt, einfach nur von außen betrachtet.

© Joe Wolf 2011 – Blickwinkel NY

Die Veränderung des Blickwinkels

Markus ist ein sehr erfolgreicher Geschäftsmann, dem der Erfolg, wie es scheint, nur so zufliegt. Alles was er angreift, verwandelt er sprichwörtlich in Gold. Sein schicker Sportwagen steht in der Auffahrt zu seiner Luxusvilla, in einem der noblen Vororte der Stadt. Die meiste Zeit verbringt er allerdings in seinem Appartement im Stadtinneren. Dort residiert er in einem Penthouse mit Dachterrasse und eigenem Swimmingpool. Markus ist Single und nach einigen gescheiterten Beziehungen in der Vergangenheit oft auch sehr misstrauisch, was neue Bekanntschaften betrifft. Er muss sich vor niemandem rechtfertigen, außer vor sich selbst. Ebenso verhält es sich mit der Verantwortung. Diese trägt er nur für sich selbst.

Dirk, sein bester Freund, ist dreifacher Familienvater. Er liebt seine Frau, träumt allerdings davon, seinen Family Van endlich gegen einen kleinen, leider nicht finanzierbaren und auch vollkommen unpraktischen Sportflitzer eintauschen zu können. Er lebt in der näheren Peripherie der Stadt und muss jeden Tag insgesamt drei Stunden Fahrt mit Bus und U-Bahn in Kauf nehmen, um in die Arbeit zu gelangen, welche ihm im Übrigen seit längerer Zeit keinen Spaß mehr bereitet.
Das tägliche Abendessen mit der Familie wurde zur Routine und er wünscht sich so sehr, seine Frau einmal spontan zum Essen in die Stadt ausführen zu können, was mit drei Kindern allerdings nicht so einfach zu bewältigen ist.

Wenn sie diese beiden Geschichten miteinander vergleichen, welche der beiden Rollen würden sie, wenn sie vor der Wahl stünden lieber einnehmen wollen?

Was wäre, wenn ich ihnen sagen würde, dass Markus sich nichts sehnlicher wünscht als eine eigene Familie und seinen Freund Dirk mehr als nur beneidet? Er hat die Wochenenden, welche er mit seinen Liebsten verbringen darf. Zu Weihnachten muss er sich nicht ständig Neues einfallen lassen, um nicht die freien Tage daheim alleine verbringen zu müssen. Markus ist einsam und würde sein Leben gerne gegen ein „Durchschnittsleben“ eintauschen.

Würde Dirk das Leben aus dem Blickwinkel seines Freundes betrachten, wie würde er, glauben sie, auf sein eigenes reflektieren?

Wie viele Menschen kennen sie, deren innere Unzufriedenheit einfach nur mit dem Verändern des Blickwinkels ein für alle Mal aufgelöst wäre? Wenn man z.B. etwas verliert, das man für selbstverständlich hält, weil es ja sowieso immer da war. Das kann von der eigenen Gesundheit bis hin zum Verlust eines Menschen gehen, dessen Anwesenheit schon zur Gewohnheit wurde. Versuchen sie es und verändern sie einmal die Perspektive, in Form der Zeit. Gehen sie dabei in die Vergangenheit. Wie schön war es denn, als...? Warum habe ich das denn damals nicht gesehen...? Wieso konnte ich das, was ich hatte nicht schätzen...?

Diese und noch viele andere Fragen stellt man sich erst, wenn einmal **etwas** geschehen ist.

Somit ist ihr Glück weder in der Vergangenheit, noch in der Zukunft zu finden. Es ist bereits hier, in diesem Moment. Öffnen sie das Schloss zu ihrem Glück…

„…der Schlüssel dafür ist es,
einfach glücklich zu sein!“ [52]

Wie oft reflektieren sie sich selbst?

Haben sie sich schon einmal vorgestellt, wie es wäre, wenn sie morgens aufwachen und ihnen nichts mehr gehört?

Wenn der Mensch, mit dem sie noch am Vortrag über Belangloses diskutiert oder sogar gestritten haben, nicht mehr hier ist?

Sie können sich diese und noch viele andere Fragen stellen, in dem sie einfach nur ihren Blickwinkel bei einer ihrer Fragestellungen verändern.

Natürlich können sie ihren Blickwinkel auch in die umgekehrte Richtung verändern.

Können sie sich vorstellen im Lotto zu gewinnen?

Was würde geschehen, wenn ihr größter Wunsch in Erfüllung gehen würde?

Das Schöne an diesem Gedankenspiel oder den sogenannten Tagträumen ist, dass wir bestimmen können was wir träumen wollen. Und hierbei kann ihnen bei einer Imbalance, ob beruflicher, beziehungstechnischer, familiärer oder gesundheitlicher Natur, die Veränderung ihres Blickwinkels sehr nützlich sein.

Schlagen sie zu sehr in die negative Richtung aus, dann korrigieren sie ihre Perspektive, und richten sie diese auf das, worauf sie in ihrem Leben dankbar sein dürfen. Sie dürfen sich auch ruhig vergleichen. Sehen sie auch über den Tellerrand hinaus.

Sollten sie z.B. das Gefühl haben, jemand anders ist in ihren Augen viel reicher und wohlhabender als sie, betrachten sie ihren Zustand einmal mit den Augen eines indischen Slumkindes. Ich werde oft kritisiert, wenn ich diesen Vergleich in meinen Seminaren hernehme. Dennoch ist es die Wahrheit. Sie sind reich, und so lange sie ein- und wieder ausatmen können, gibt es nichts, was sie sich nicht schaffen könnten, sofern sie es auch wirklich wollen.

Verändern sie nochmals ihren Blickwinkel dorthin, wohin sie wollen, aber seien sie sehr kritisch mit sich selbst. „Wohlhabend zu sein und viel Geld zu haben kann auch sehr oft mit vielen Problemen verbunden sein, die man im Moment nicht sehen möchte.“ [33]

Wasser kann auf der einen Seite Leben retten, weil es unseren Durst stillt oder wir ein Feuer damit löschen können. Andererseits kann es uns auch unser Leben kosten, wenn wir im Meer kentern!

So gibt es immer unterschiedliche Perspektiven. Dies sollten sie auch berücksichtigen, wenn sie mit anderen Menschen konfrontiert werden, die sich nicht so verhalten, wie sie es gerne hätten. Ändern sie ihren Blickwinkel und betrachten sie sich und diese Person einmal aus einer anderen Perspektive. Es wird ihnen helfen zu verstehen und mitfühlen zu können.

Machen sie eine Kamerafahrt und filmen sie sich und ihr Leben aus den verschiedensten Positionen. Sie werden merken, dass **wahre innere Balance** nichts mit äußeren Umständen zu tun hat. Wer wirklich in sich ruht, ist auch mit sich und der Welt zufrieden.

Film ab, Kamera läuft, und Action!

Lebe DEIN Leben und nicht das der anderen!

„Und wenn du nach New York City fährst, musst du auf jeden Fall auf dem Empire State Building gewesen sein. Mach auch eine Rundfahrt auf dem Hudson River. Schau, dass du am Sonntag einmal in den Central Park gehst und auch ein Besuch bei Abercrombie and Fitch ist Pflicht."

Diese und noch viele andere Tipps habe ich vor meiner Abreise von einigen Freunden erhalten. Ich bin sehr dankbar dafür. Allerdings bin ich nicht hier, um die Träume oder Wünsche von anderen zu erfüllen. Mein Traum war es, vor dem Time Square in der 42nd Street zu stehen und im Shaolintempel New York zu trainieren. Ich denke auch, dass es einen Unterschied macht, ob man in dieser Stadt eine Woche verbringt oder sich für einen längeren Zeitraum sprichwörtlich durchboxen muss. Ich verstehe die NY Citizens jetzt mehr denn je, und vielleicht würde ich mein Essen auch im Gehen einnehmen, so wie den Pappkaffe „To Go", müsste ich hier leben. Es ist schon eine andere Welt, in welche man hier eintaucht. Allerdings auch voll von Überraschungen. Und ich denke auch, dass kein Platz auf der Welt so sehr pulsiert, wie New York City. Hier nach dem Prinzip des „Wu Wei" zu leben birgt in jeder einzelnen Sekunde die Möglichkeit eine neue Überraschung erleben zu dürfen.

Heute wurde mir die große Ehre zuteil, einen zehnminütigen Privatunterricht meines Sifu's genießen zu dürfen. Aufgefüllt mit einer Ladung positiven CHI besuchte ich mein Lieblings Café in der Mullburry Street. Endlich habe ich meinen Espresso gefunden. Serviert in richtigen Tassen, nach meinem Geschmack. Colored Water gehört somit der Vergangenheit an. Allerdings muss ich zugeben, dass es mich einige Meilen an Wanderung, mehrere Dollars und Stunden gekostet hat, dieses nette kleine Italian Cafe auszumachen. Aber wenn man den höchsten Punkt des Berges erreicht hat, ist es unwichtig, was hinter einem liegt, wie viele Strapazen man auf sich genommen hat. Finally you reached the goal. Das ist, was zählt!

Soooo viel Neues. All das zu verarbeiten, die vielen, teils hochphilosophischen Konversationen und noch dazu in einer Sprache welche nicht meine Muttersprache ist, vermittelten mir teilweise das Gefühl, wieder Schüler in einem Klassenzimmer mit acht Mio. Menschen zu sein. Meine Unterrichtsfächer reichen von Englisch, Geschichte, lokaler Geographie bis hin zu Philosophie und Human Behaviour Studies (Studie menschlichen Verhaltens). Nun ja, im Prinzip ist es ja auch so. Meine Neugier und mein Plan „keinen Plan zu haben" treiben mich förmlich dazu, immer wieder neue Gelegenheiten zu schaffen und herauszufinden, was dann schlussendlich passieren wird. All dies ohne wirklich aktiv ins Geschehen einzugreifen.

Dies war auch die Erkenntnis zu der ich schlussendlich in meinem Liebling Café gekommen bin. Ich bin hier um das Leben der Menschen in New York zu leben. Und so lebe ich eben von einem Tag zum nächsten. Frei nach dem Motto: „Mitten drin statt nur dabei!" [53]

Am Samstag vor Halloween brachte mich diese Vorgehensweise in eine sehr skurrile Situation, wo ich am Ende in einem Studio auf einem Lattenrost Uptown New York übernachten musste. Ohne zu wissen, was diese Nacht bringen würde, habe ich die Herausforderung, alles auf mich zukommen zu lassen, angenommen. Obwohl ich, ehrlicherweise zugeben muss, dass ich den Abend lieber in meinem neuen vorübergehenden und komfortablen Zuhause verbracht hätte. Erinnern sie sich an den Begriff „Komfortzone"?

Da ich allerdings nun einmal mitten in meinem Abenteuer war und, aufgrund der unglaublichen Distanz zu meinem Zuhause eine Heimfahrt unmöglich war, ging mir ein weiteres „Licht" auf. Ich begriff jetzt, was mir meine Reise noch offenbarte. **All meine in der Theorie so klar definierten Aussagen konnten jetzt in der Praxis erprobt werden.** *So, go and get it!*

Also stellte ich mich einer weiteren Herausforderung im Großstadtdschungel und ließ die Ereignisse auf mich zukommen, ohne viel einzulenken. In Ausnahmesituationen allerdings, habe ich immer mein Gefühl als Entscheidungsträger herangezogen. Wenn dir z.B. (so wie uns) Drogen auf offener Straße angeboten werden, oder du von jemanden angepöbelt wirst, solltest du trotz allem, wenn auch nur kurzfristig, das Steuerruder wieder in die Hand nehmen und nach deinem Gefühl handeln.

In den beiden angeführten Beispielen, welche sich zwischen 78 und 80 Straße ereignet haben, half ich mir ebenso mit meiner Formel des Wartens, Atmens, Denkens, Glaubens, Tuns und Dankens, wie schon in vielen Situationen zuvor und bestätigte somit (zumindest einmal für mich) ihre Anwendbarkeit, auch in teils prekären Situationen.

Somit habe ich einen weiteren Test, in diesem für mich sehr lehrreichen Abenteuer, bestanden. Eine Erkenntnis, die ich ebenso mit ihnen teilen möchte ist: „Das Leben ist wunderbar. In jeder Sekunde birgt es neue Überraschungen und Abenteuer in sich. Wir müssen nur den Mut aufbringen, ihm auch die Möglichkeit dazu zu geben. Seien sie aufmerksam. Gelegenheiten gibt es immer und überall. Sie müssen nur die nötige Gelassenheit und Feinfühligkeit aufbringen, diese auch als solche zu erkennen."

Dieses Kapitel möchte ich mit einer passenden Geschichte beenden, welche ich noch am Nachmittag dieses Tages von meinem Sifu im Rahmen der "Buddhism Class" gehört habe:

I wait for Jesus. He will help me!

Als der Hurricane Catharina vor Jahren über New Orleans hereinbrach, wurden viele Menschen aufgrund der ungeheuren Wassermassen teilweise von den Dächern ihrer Häuser gerettet. Einer von ihnen allerdings verweigerte die Hilfe mit den Worten „Ihr braucht mich nicht zu retten, ich warte auf Jesus, er ist mein Retter und wird mir zu Hilfe kommen."

Ob sie es glauben oder nicht, diese Geschichte hat sich wirklich zugetragen. Ob dieser Mann wirklich gerettet wurde, habe ich nicht erfahren. Allerdings brachten wir die daraus entstandene Diskussion auf die Frage, was Jesus am Ende gesagt hätte, wenn der Mann an die Himmelspforte geklopft hätte. „Warum hast du auf mich gewartet? Ich war da, hast du mich nicht gesehen? Ich war der Helikopter und das Boot. Ich habe dir 2 Mal meine Hilfe angeboten, wieso hast du sie nicht angenommen?"

Zusammenfassend kann man dieser Geschichte entnehmen, dass Gott, Buddha, Jesus, Allah oder wie immer sie ihre Gottheit oder ihr Schicksal nennen möchten, zu jeder Sekunde präsent ist. Leider sind wir oftmals zu sehr mit unseren vorbestimmten Erwartungshaltungen und unseren starren Denkweisen so festgefahren, dass wir das Göttliche und Wunderbare um uns herum nicht mehr wahrnehmen.

Seien sie wachsam und nehmen sie sich die Zeit zur Selbstreflexion. Ganz besonders in Ausnahmesituationen. Sie werden merken, dass mit der auftretenden Hektik ihr Glaube an einen positiven Ausgang schwindet. Umgekehrt werden sie durch Ruhe und Gelassenheit auf die sich bereits überall befindlichen Helferleins um sie herum aufmerksam.

Erst wenn sie entspannt sind, können sie sich dem Moment, dem Hier und Jetzt ergeben! Sich von fixen Vorstellungen lösen, und vorgedachte Erwartungshaltungen aufgeben. Dies ist das einzige Ziel, welches dabei konsequent verfolgt werden sollte! Paradox? Vielleicht, allerdings kann jeder Moment auch nur unter diesen Umständen vollkommen frei von Bewertung und Erwartung angenommen werden!

© Joe Wolf 2011 - Stretching Shaolin Temple New York

Die Planänderung des „planlosen“ Plans

Okay, okay! Ja ich weiß, dass ich mich dafür entschieden habe, bis zum 12. Januar hierzubleiben. Exakt die 90 Tage visumfreien Aufenthalts für Touristen bis zum letzten auszunutzen, das war der Plan. Aber Pläne ändern sich nun mal.

„Somit kann man auch sagen, dass die einzige wirkliche Konstante in unserem Leben die Veränderung ist.“ [54]

Und davon kann ich mittlerweile auch schon ein Lied singen.

Ja, ich habe mich wieder verliebt und der Gedanke Silvester hier und nicht zu Hause verbringen zu können beschäftigt mich seit Tagen. So sehr sogar, dass ich manches Mal meinen Aufenthalt nicht mehr voll genießen kann. Meine Gedanken sind in der Zukunft. Mein Gefühl sagt mir, dass ich diesen Zustand schleunigst ändern sollte, da ich sonst mit meinen Gedankenreisen auf das Leben hier in der Gegenwart vergesse.

Also, fasste ich einen Entschluss. Dieser ist jedoch aus einer Emotion heraus entstanden. Der Name dieses Gefühls nennt sich **Sehnsucht***. Also gut, hier ist mein Plan: Ich werde einfach meinen Flug umbuchen, um vor Neujahr wieder zu Hause zu sein. Bis jetzt hat doch noch alles geklappt was ich mir vorgenommen habe (Ergänzung: wenn es aus einer Emotion heraus resultierte. Vom Verstand kreierte Ziele, habe ich nie zu hundert Prozent erreicht).*

Ich möchte hier so kurz wie möglich den steinigen Weg meines Entschlusses bis hin zur vollständigen Umsetzung anführen. Steinig, deshalb … na sie werden es gleich lesen. Das nachfolgende Kapitel möchte ich meinem Meister Sifu Shi Yang Ming widmen, der mich die Prinzipien der Kampfkunst nicht nur körperlich erarbeiten ließ, sondern mir auch wieder ihre Anwendbarkeit für das Leben in Erinnerung gerufen hat!

1. **No Excuses (keine Ausreden)**
2. **Move Forward (beweg dich)**
3. **More Chi (mehr Energie, gib alles!)**
4. **All the way (gehe immer den ganzen Weg)**
5. **FINISH STRONG! (beende kraftvoll)** [55]

Online

Da ich, zumindest behaupte ich das, mit dem Internet halbwegs vertraut bin, ist dies natürlich die erste Möglichkeit. Startseite Fluggesellschaft, Referenz Nummer und los. „Leider gibt es unter dieser Nummer und Namen keinen Eintrag".

Persönlich, Büro der Fluggesellschaft

Auf dem Weg zum Mittagessen teile ich einer Trainingskollegin mein Vorhaben mit, bei welchem sie mir sofort ihre Unterstützung anbietet. „I call 411 for you. Let's find out where the next office from your Airline in the City is." Es ist immer besser direkt mit Personen sprechen zu können und die Dinge gleich vor Ort abzuwickeln. Prompt habe ich zwei Adressen und ich mache mich auf den Weg.

Odyssee

Bis jetzt habe ich alles gefunden, was ich gesucht habe. Mit dieser Einstellung laufe ich bereits seit einer halben Stunde den Block zwischen 16 und 14 Straße 5th Ave. auf und ab. Schilder, so wie man sie von Gesellschaften dieser Größe bei uns zu Hause gewohnt ist, sind hier bei der Vielzahl, der sich in den Wolkenkratzern befindlichen Firmen, nicht angebracht. So halte ich mich an Punkt 2. „Move forward": Rein zum Front Desk und wieder einmal fragen. Als Antwort bekomme ich: „Die sind hier schon vor Jahren ausgezogen, wohin? Das weiß ich leider nicht". Kann das wirklich sein, dass sich die von 411 so irren?

Telefon

Pre Paid Cells (Wertkarten Mobiltelefone) werden hier von so vielen Gesellschaften angeboten, wie es wahrscheinlich in ganz Europa nicht einmal Netzbetreiber gibt. Auf Deutsch, mein Anbieter unterstützt diese Nummer nicht. Ab zu einer öffentlichen Telefonzelle. Ich hatte schon fast vergessen wie es ist, Münzen in einen Fernsprechapparat mit Schnur einzuwerfen. Nach dem Überwinden von drei Hürden in Form von: „How can we help you? Are you in search for a Company or a private person? Please tell us the address." gelange ich endlich an eine menschliche Live Stimme. „Yeah, hello I'm looking....." beep beep beep, ***„Sorry, your call is cancelled because of not enough credit!"*** *(zu wenig Guthaben auf der Wertkarte).*

Verdammt, das kann's doch alles nicht geben. Sind das Zeichen, dass ich doch nicht früher nach Hause fliegen soll? Nein, das kann ich nicht glauben und ich erinnere mich an einen wunderbaren Ausspruch von Thomas Muster (Anm.: Ehemaliger ATP Tennis Weltranglisten Erster) „Aufgegeben wird nur ein Brief". Also ab zur nächsten Adresse.

I'm walking.....

Ähnlich wie bei der ersten Adresse, kann ich auch hier kein Office finden. Aber um die bereits gemachte Erfahrung reicher, gehe ich direkt in den ersten Büroturm, frage und zu meiner Verwunderung erfahre ich, dass es hier zwar kein Office gibt aber wir haben hier einen Consultant for Great Britain, und die können ihnen vielleicht helfen. Also hinauf in den siebenten Stock.
Dort werde ich von einer jungen Dame empfangen, die anscheinend meine Verzweiflung von meinem Gesicht ablesen kann. Sie führt mich zu einem älteren Kollegen, der mir freundlicherweise die 0800 (Gratis) Nummer der Fluggesellschaft aus dem Internet heraussucht. „Sorry all the offices in the city are closed", es gibt nur mehr direkt am JFK Airport die Möglichkeit in ein Büro zu gehen.

Na, wenn ich das vorher gewusst hätte !!!

Telefon

Spät, aber doch bin ich dann nach einem sehr anstrengenden und harten Training zu Hause angekommen. Sofort klemme ich mich hinter das hauseigene Telefon, schalte es auf Lautsprecher, da ich mit einer längeren Wartezeit rechne und lehne mich entspannt zurück. Ortszeit: 0:35 Morgens „Your extended wait time will be 25 minutes" (noch 25 Minuten warten). Nach diesem Tag, halt ich das auch noch durch, Hauptsache ich krieg jemanden ans Telefon und kann endlich umbuchen. Dann endlich um 1:00h Früh eine kurze Pause und ....
BEEP BEEP, SORRY, WE CANNOT ANSWER YOUR CALL OUT OF OUR OFFICAL OFFICE TIMES: THESE ARE MONDAY TO FRIDAY FROM 8 AM TO 1 AM (jetzt haben wir geschlossen. Wir freuen uns, morgen wieder von ihnen zu hören...).

Are you fu..... kidding me (hier erübrigt sich die Übersetzung, oder)?

Das darf doch nicht wahr sein. Warten, atmen, denken, glauben, leben, danken und **schlafen gehen.**

Telefon zweiter Versuch

Gleich nach dem Aufwachen klemme ich mich wieder ans Telefon. Nach 6 Minuten Wartezeit endlich eine Stimme, yes. Alles kann so einfach sein, wenn nur der Zeitpunkt der richtige ist. Allerdings bekomme ich die Frage nach den Umbuchungsgebühren beantwortet mit: „Das kann ich ihnen leider nicht beantworten. Sie erhalten zu diesem Vorschlag innerhalb der nächsten 72 Stunden eine Email von uns mit einer Telefonnummer. Hier können sie uns dann ihre Entscheidung bekanntgeben, ob sie den Flug umbuchen wollen."

Okay, das ist ja schon mal etwas. Also, in spätestens 72 Stunden weiß ich es dann. WARTEN, WARTEn, WARTen, WARten, WArten, Warten, warten

UNIVERSITY OF YALE, New Haven

Das Wochenende habe ich dann bei einem meiner Jugendfreunde in New Haven verbracht. Nach vielen Gesprächen über den Sinn des Lebens, die Mentalität der US Bürger und Beziehungen, machten wir dann einen interessanten Tagestrip durch die Stadt, in der George W. Bush studiert hat. Die geführte Tour durch das YALE College, welches aussieht wie eine Bilderbuchstadt, einigen örtlichen Sehenswürdigkeiten und mittelmäßigen kulinarischen Genüssen, sind wir dann schlussendlich wieder in der Wohnung meines Freundes angekommen. Also ab ins Internet, die 72 Stunden sind um, let´s check it out. Und … wie sollte es zu meiner Verwunderung auch anders sein. Wie all die anderen Versprechungen. Es gab keine Mail.

Langsam begann ich wirklich an meinem Vorhaben zu zweifeln, aber mein Gefühl ließ mich noch nie hängen. Vielleicht ist das einfach nur eine Herausforderung an mein Durchhaltevermögen, meine Ausdauer. Irgendetwas stellt mich hier anscheinend auf die Probe.

© Joe Wolf 2011 - Die „Bibliothek“ des Yale College

Telefon die Dritte

Also wieder zum Hörer. Diesmal um viele Erfahrungen reicher, weiß ich, dass meine Entschlossenheit, dieses Gespräch mit einer Umbuchung zu meinem gewünschten Datum, enden wird. Und so war es auch. You will receive a confirmation within the next five minutes. Dass dies auch wieder eine leere Versprechung ist, kann ich jetzt schon fühlen. Also warte ich mit dem Checken der Mails bis morgen.

Geschafft

Es kam zwar keine Bestätigung, jedoch hatte ich jetzt eine neue Referenz Nummer meines Fluges und konnte mich endlich einloggen (so wie ich es anfänglich vorhatte). Der Rückflug ist bestätigt mit 24. Dezember.
Wenn ich Glück habe, kann ich sogar Santa Claus noch beim Ausliefern der Geschenke über den USA und das Christkind bei seinem Rückflug aus Europa sehen.
Yesss, I can!!!

Gesamtzeit vom Aufkommen des Entschlusses bis hin zur Umsetzung: fünf Tage

EMPFINDEN (spüren)
ENTSCHEIDEN (Mut)
UMSETZEN (Durchhaltevermögen)

Zu Beginn einer bevorstehenden Entscheidung existiert immer ein Gefühl. Dieses mag sich einmal angenehm und ein anderes mal unangenehm anfühlen. In beiden Fällen bewirkt dieses Gefühl, etwas **dafür** oder **dagegen** zu tun. Wenn man sich wohl fühlt, möchte man diesen Moment am liebsten für immer festhalten, also was „dafür" tun um dieses wunderbare Gefühl so lange wie möglich genießen zu können.
Wenn sie sich unwohl fühlen, haben sie wahrscheinlich das Gefühl, Dinge verändern zu müssen um wieder diesen Zustand der Zufriedenheit zu erreichen. In beiden Fällen sind es Emotionen, die uns zu der Entscheidung führen, einen Prozess in Gang zu setzen.

Hören sie auf ihre Gefühle

Meistens sind es negative Empfindungen, die uns signalisieren etwas zu verändern. Jeder Mensch hat seine eigene „Schmerzgrenze“ und kann somit selbst entscheiden, wann und was er in seinem Leben verändern möchte. Das ist auch der Punkt, wo Herz und Verstand miteinander in Clinch geraten. Leider geht der Verstand hier sehr oft als Sieger hervor.

Denken sie an Situationen wie:
Jetzt meinen Job zu verändern, wäre nicht klug. Der Arbeitsmarkt ist sehr schlecht im Moment und so schlimm ist es ja auch wieder nicht.

Dass manche Menschen aber durch das tägliche Hamsterrad nicht mehr mitbekommen, dass sich ihre Unzufriedenheit bereits auf ihr nahes Umfeld überträgt und sie somit immer tiefer in eine Negativspirale geraten, ist Teil dieses Ablaufs. Das Gefühl schreit nach Veränderung, der Verstand zeigt alle **möglichen negativen** Konsequenzen auf, die dann eintreten könnten. Ja **könnten**, sie haben richtig gelesen. Wenn ihnen ihr Gefühl bereits etwas mitteilt, dann kann ich ihnen sagen, dass es zu 100 % Recht behalten wird. Ihr Verstand wird so lange dagegen ankämpfen, bis eine gravierende schicksalshafte Veränderung in ihrem Leben auftaucht. Und dann werden sie feststellen, dass diese vom Schicksal herbeigeführte Veränderung doch keine so große Sache war, denn dann funktioniert es plötzlich ohne Anstrengung, da es jetzt einfach keinen anderen Ausweg mehr gibt!

Wie oft haben sie den Ausspruch schon gehört: „Nein, krank sein geht jetzt nicht. Ich muss dieses Projekt noch zum Abschluss bringen, dann …“. Und (tut mir leid das hier sagen zu müssen), wenn sie nicht mehr da sind, wird man jemand anderen finden. Jeder ist ersetzbar! Also lernen sie aus Beispielen von Menschen, die durch Schicksalsschläge plötzlich die Veränderungen annehmen mussten. Und wenn sie jene fragen, werden sie ihnen sagen, dass sie sich alles hätten sparen können, wenn sie gleich auf ihr Gefühl gehört hätten.

Alleine auf ihre Gefühle zu hören, reicht natürlich nicht. Sie müssen sehr wohl in sich vertrauen und wissen, was sie wollen. Nur so können sie mit dem nötigen Enthusiasmus an die Umsetzung ihres Vorhabens herangehen.

„Es reicht nicht nur die Tür zu öffnen und hinauszuschauen. Sie müssen sich schon auch auf den Weg machen, um über die Schönheit und Beschaffenheit dieses Weges ein Urteil abgeben zu können!“ [56]

Aufkommende Zweifel werden ihnen regelmäßig von ihrem Verstand geschickt werden. Das ist so sicher, wie das Amen im Gebet. Sie können es auch als das „Aufbäumen“ ihres Egos betrachten, dem solch intuitive Entscheidungen ganz und gar nicht gefallen. Ebenso werden sie sich des Öfteren die Frage stellen: „Soll ich das wirklich machen?“ **Ja**, sie sollen. Und noch etwas: NO EXCUSES !!! Sie erinnern sich? Ich kann das jetzt nicht weil …, ich werde dann, wenn …, sind erst einmal die Kinder größer dann …

Veränderung ist jetzt, ihr Gefühl ist **jetzt**, das Leben ist **jetzt**. Also leben sie es auch dementsprechend.

TUN und UMSETZEN

Jeder versteht Begriffe wie Liebe, Mut und Respekt in der Theorie. Wirklich erfahren können wir diese allerdings nur, wenn wir sie auch umsetzen. Erst Handlungen machen Dinge verständlich und das Umsetzen angeeigneten Wissens aus Erfahrungen macht aus Wissen Weisheit.
Ich erinnere mich an einige Gespräche in meinem Bekanntenkreis, bei denen ich immer wieder hörte, ja ich weiß, dass ich mutig sein soll und Dinge zur Veränderung bringen sollte, aber es ist so schwierig. Ich habe diesen Job, meine beiden Kinder und meinen Freund, ich kann mich nicht vierteilen. Bei diesen Aussagen kann ich nur zustimmen. Allerdings kann man auch nicht auf Dauer weiterleben, wenn an vier Seiten permanent gezogen wird. Somit muss Veränderung her. Sie können einzig den Zeitpunkt der Veränderung bestimmen, wenn sie genug Mut aufbringen. Denn: „Um das Meer zu überqueren, bedarf es auch mehr als es einfach nur anzustarren“ [57]

Was sie tun müssen und wie diese Veränderungen aussehen kann ihnen niemand sagen außer sie selbst. Sie brauchen einzig den ersten Schritt zu machen, um das WIE und das WANN zerbrechen sie sich nicht den Kopf. Glauben sie an sich und vertrauen sie. Den ersten Schritt für ihre Reise müssen sie allerdings selbst machen.

GEDULD und das richtige TIMING

Es wird auch, wenn sie sich soooooo sicher waren, dass es bis dann oder dann klappen hätte sollen, immer wieder Überraschungen auf ihrem Weg geben. Wenn sie einsehen, dass sie zwar der Pilot ihres Lebens sein können, sie allerdings auch unvorhergesehene Kursänderungen in Kauf nehmen müssen, werden sie auch aufhören gegen eventuell auftretende Hindernisse anzukämpfen.

Meine Großmutter sagte immer: „Alles hat seine Zeit“ [58], und wie viele der älteren Menschen hatte sie diese Weisheit erfahren.

Sollte sich ihnen ein Hindernis in den Weg stellen, kämpfen sie nicht dagegen an, bleiben sie gelassen und warten sie auf den nächsten besseren Zeitpunkt mit ihrem Vorhaben fortzufahren.

Haben sie schon einmal einer Katze zugesehen, wenn sie sich auf einen bestimmten Platz begeben möchte, dieser aber im Moment besetzt ist? Sie bleibt in Ruhe und Grazie stehen, putzt ihr Fell oder leckt ihre Pfoten und wartet bis der Platz frei ist. Mit anderen Worten, sie vergeudet keine Energie, sie nutzt den Moment für etwas anderes (Körperpflege z.B.). Nicht dass sie sich jetzt jedes Mal Duschen sollten, nur weil der Wagen gerade nicht anspringt und sie in einer viertel Stunde bei einem wichtigen Meeting sein sollten. NEIN, aber sie können in diesem Moment nicht mehr tun als, vielleicht jemanden zu finden der sie fährt, und wenn nicht, haben sie es zumindest versucht. Dinge unversucht zu lassen ist nicht die Botschaft die ich ihnen mitteilen möchte. Ich will einzig damit sagen, dass sich das Schicksal manchmal etwas anderes für uns ausdenkt, als es unserem – vom Verstand erzeugten - Plan entsprechen würde. „Geben sie einfach ihr Bestes in allem was sie tun, somit haben sie sich auch niemals etwas vorzuwerfen, sollte es einmal nicht so klappen, wie sie es ursprünglich vorhatten.“ [59]

Und in unserem Fall, soll es ja auch schon einmal vorgekommen sein, dass das Meeting aufgrund eines Ereignisses dann plötzlich auf einen anderen Tag verschoben wurde. Mit unserer Hektik machen wir die Dinge für uns nur schwerer.

Handle effizient

Die Kunst der Geduld besteht darin, den richtigen Zeitpunkt für Aktionen zu erkennen, diesen dann allerdings auch ohne Zögern zu nutzen. Mit diesem Prinzip sehen sich vor allem Kampfkunstanfänger konfrontiert, wenn sie erfahrenen Schülern im Training gegenüberstehen. Ungeübte Schüler schlagen oft wild um sich, weil sie denken, mit dem einen oder anderen Schlag den Gegner zu treffen (im Fachjargon auch als Lucky Punch bekannt). Ein geübter Schüler bleibt immer ruhig, selbst in den hektischen Situationen, erst wenn sich die Gelegenheit eines Angriffs bietet, setzt er seine ganze Kraft in diese eine Aktion.

Miamoto Musashi schrieb einst in seinem Buch der 5 Ringe: „Ist dein Körper in Bewegung, soll dein Geist ruhen, ruht allerdings dein Körper, setze deinen Geist in Bewegung!“ [60]

Handeln nach diesem Prinzip bedeutet auch, NICHTS ZU TUN mit VOLLER ANSTRENGUNG ZU TUN!!! Auch Pausen sind Gelegenheiten, die man nutzen kann um Energie für die Zeit der Aktion zu sammeln. Denn wie heißt es so schön:

„Manchmal ist es besser nichts zu tun, als mit viel Mühe nichts zu schaffen.“ [61]

PAUSE

Ich muss zugeben, dass ich nicht jeden Tag mit neuen Geschichten aufwarten kann. Manches Mal bedarf es einfach auch gewisser schöpferischer Pausen, die in unserem Kulturkreis sehr oft als „sich auf die faule Haut legen" interpretiert werden. Wenn man allerdings immer nur einatmen und niemals ausatmen würde, könnte man ja schließlich auch nicht überleben. So gönne ich mir meinen ersten wirklich freien Tag nach mittlerweile einem Monat. Mein Unterkunftgeber ist über das Wochenende mit seinem Dad nach Atlantic City gefahren und ich kann mich voll und ganz auf das Nichtstun konzentrieren.

Breena leistet mir hierbei hervorragende Unterstützung. Wenn sie wirklich etwas über Entspannung lernen möchten, beobachten sie einfach einmal ein Haustier!

Mit Genuss bereite ich mir die aus der Stadt mitgebrachten Lebensmittel zu und zelebriere meinen freien Tag. Mit dem Ausdruck „Pasta" wird hier jedes Nudelgericht verbunden, unabhängig davon ob sie Penne, Spaghetti oder Fusilli essen. Sie essen Pasta, basta!

Nach einem entspannten Lunch, setze ich mich wieder einmal vor mein kleines Netbook und verbinde mich mit der Außenwelt. Und da ist sie! Die nächste Gelegenheit für ein weiteres meiner Kapitel kommt in Form einer Seminaranfrage von Übersee. „Hätten sie Interesse, den Abschluss eines 2tägigen Seminars mit Führungskräften zum Thema, Samurai und Konfliktmanagement zu gestalten? Für ihren Vortrag wäre ein Rahmen von 55 Minuten vorgesehen und wir möchten, dass sie Konfliktlösungsstrategien aufzeigen, wie sie im alten Japan von den Samurai praktiziert wurden."

Hätte ich diese Anfrage vor einem Jahr erhalten, hätte ich alles Erdenkliche in Bewegung gesetzt um diesen Job zu bekommen. Er entspricht exakt meinem Themenbereich und ich könnte auf der Stelle 20 Referenzen nennen, wo ich schon ähnliche Seminare gehalten hatte.

Warte, Atme, denke, glaube, lebe, danke!!!

Natürlich, bringt auch die Erfahrung die nötige Einsicht mit sich, dass man bei Jobs dieser Art, auch wenn sie noch so verlockend klingen mögen, NEIN sagt. Der Zeitrahmen ist zwar sehr kurz, das Honorar und die Aussichten auf Folgegeschäfte

jedoch sehr hoch. Jedoch weiß ich, dass ich, um authentisch zu bleiben, nicht zusagen kann!
Vielleicht ist es ja auch der Abstand zum Alltag, welchen ich hier habe. Die Ruhe, welche die nötige Gelassenheit mit sich bringt. Oder ist es einfach der Zustand, dass ich wieder ein weiteres Stockwerk im Turm der „Weisheit" erklommen habe? Mit dem Wort „NEIN" hatte ich mir noch nie leicht getan. Speziell in der Vergangenheit gab ich vielen dieser und ähnlicher „Zeiträuber" viel zu oft die Möglichkeit etwas von mir herzugeben, was unwiederbringlich und besonders wertvoll ist: ZEIT. Neben der fehlenden Authentizität zu diesem Thema, beeinflusste ebenso der nachfolgende Ausspruch meine Entscheidung:

„Von allen Techniken, Zeit zu sparen, ist vielleicht die häufige Benutzung des Wortes „NEIN" die effektivste." [62]

Ich möchte mein erstes Gefühl und die danach erfolgte Verstandsanalyse zu diesem Thema gerne mit Ihnen teilen:

Gefühl
NEIN, danke

Verstand NEIN (warum?)

a) *Den Abschluss eines Seminares zu machen, bei dem die meisten Teilnehmer in Gedanken bereits zu Hause sind, hat zu wenig CHI*
b) *55 Minuten für eine Thematik, mit welcher man eine ganze Seminarwoche füllen könnte, grenzt beinahe an eine Verhöhnung des gesamten Kulturkreises der Japaner und macht aus dem Vortragenden einen pausenfüllenden Clown.*
c) *Japanische Traditionen die in einem vollkommen unterschiedlichen Kulturkreis zur Tagesordnung gehören, mit jenen zu vergleichen, welche in unseren Breiten angewendet werden, ist absoluter Schwachsinn.*

Oder wären sie wirklich bereit Seppuku (Harakiri) * *zu begehen weil ihr Fürst es von ihnen verlangt? Noch dazu wäre es eine Ehre für ihn, ihr Leben zu opfern. Mit anderen Worten: Ihr Arbeitgeber verlangt von ihnen, dass sie aufgrund der derzeitig schlechten*

---

* Seppuku (Harakiri) Ritueller Selbstmord, der als höchste Ehre und Zeichen der vollkommenen Loyalität zu seinem Lehnsherrn freiwillig vollbracht wurde. Um diese Einstellung zu verstehen, müssen alle weiteren Kapitel des Bushido (Weg des Kriegers) ebenso erläutert werden. Erst dann können wir die Effektivität und Durchschlagskraft der Konfliktstrategien der Samurai verstehen.

Auftragslage freiwillig auf ihre nächsten sechs Monatsgehälter verzichten. Nach Bushido müssten sie ihm folgendes antworten: „Nein, kommt nicht in Frage, aus Loyalität arbeite ich die nächsten neun Monate sogar umsonst, und danach um die Hälfte".
Das wäre Bushido in seiner Ganzheit. Wenn sie bereit sind, das zu tun, können sie auch die Kampftaktiken (Verhandlungstechniken) authentisch anwenden und platzieren.

Kurzum, ich müsste eine Gruppe, welche sich bei dieser Thematik auf einer Bewusstseinsebene Drei befindet mit einem Thema konfrontieren, welches auf einer Bewusstseinsebene der Stufe Sechs angesiedelt wäre.

Um ehrlich zu sein, habe ich dennoch daran Interesse bekundet und meine negative „Verstandsauflistung" vorerst einmal für mich behalten. Ich habe somit aktiv in die Passivität eingegriffen.

Nach WU WEI wurde meine Gefühlsempfindung am nächsten Tag mit einem Mail, ohne weiteres Zu Tun meinerseits, bestätigt. „Vielen Dank aber wir haben uns doch für Herrn XY von der Kampfsportschule Dragonfighters entschieden, würden allerdings gerne Ihre Unterlagen für zukünftige Projekte in Evidenz halten."
Schmunzelnd nehme ich diese Antwort zur Kenntnis und stelle mir vor, wie das Bild einer Nation, deren traditioneller Hintergrund gerade einmal für eine Handvoll Nicht-Japaner verständlich ist, vollkommen ins falsche Licht gerückt wird. Alles auf Kosten der „Profitgier".
Erleichtert über diese Absage fühle ich mich in meinem Tun bestätigt. Es wäre nicht „echt" gewesen, hätte ich diesen Auftrag angenommen.

„C´mon Breena, let´s go outside for a walk"

Authentizität

Der Ausspruch dieses Wortes erweist sich in all meinen Seminaren immer wieder als selbst gestellte Herausforderung. Jedoch ist es die Authentizität, die uns Lehrer, Trainer und Coaches glaubwürdig gegenüber unseren Zuhörern macht. Ganz ehrlich, würden sie auf einen Lungenfacharzt hören, der täglich 50 Zigaretten raucht und ihnen sagt, sie sollten mit dem Rauchen aufhören? Oder einem schwer übergewichtigen Tennislehrer ihr Kind anvertrauen und den von ihm erstellten Trainings- und Ernährungsplan einhalten?
Oh ja, ich kann sogar hier in Spring Valley noch die Stimmen hören: „Das Eine, hat mit dem Anderen, nichts zu tun!"

And again: Sorry to say that, YES IT DOES!

Vor einiger Zeit durfte ich aus meinem Bekanntenkreis eine sehr lehrreiche Erfahrung mitnehmen. Einer meiner Freunde, stand kurz vor dem Wechsel aus dem Technikbereich seines Unternehmens in das Projektmanagement mit Führungsverantwortung. Ich muss hier erwähnen, dass er ein wunderbarer Mensch und sehr liebevoller Vater ist. Zu Hause verständnisvoll, zuvorkommend und gütig. Größere Entscheidungen wurden allerdings immer von seiner Lebensgefährtin getroffen, die er meines Erachtens immer widerstandslos akzeptierte. Auch dann wenn ihm nicht danach war (remember: NEIN).
Eines Tages fragte ich ihn, da es mich sehr interessierte: „Wie kannst du diese beiden Bereiche, in der Firma der coole Projektleiter mit einem sehr geradlinigen Führungsstil und zu Hause, der Befehlsempfänger vereinbaren?
Die Antwort können sie sich vielleicht denken. Wir haben eine Persönlichkeit und einen Charakter. Uns zu verstellen kostet Energie, ist nervenaufreibend und nebenbei verlieren wir die oben angeführte Authentizität. Wenn sie das Gegenteil kennen, welches wirklich über einen längeren Zeitraum, und damit meine ich viele Jahre, aufrechterhalten werden konnte, lassen sie es mich wissen.
Schicken sie ihre Informationen bitte an meine Praxis:

Dr. Jekyll & Mr. Hyde
08 15 Authenticity Street
SOHO
NY 10977

Natürlich haben wir alle, Schwächen und Fehler. Aber ist denn nicht gerade das der springende Punkt authentisch zu wirken, wenn man Fehler auch zugeben kann? Nobody is perfect, but me!!! (Just kidding). Denn perfekt zu sein heißt für mich, authentisch zu sein, was wiederum bedeutet menschlich zu sein. Ein Fehler wird erst dann zu einem Fehler, wenn er auch gemacht wird. Ebenso verhält es sich mit richtig getroffenen Entscheidungen. Sind diese beiden Gegensätze ausbalanciert, stellt sich auch die Frage nach dem RICHTG oder FALSCH nicht mehr. Hauptsache man übernimmt die Verantwortung für die getätigte Entscheidung. Denn was heute richtig erscheint, kann morgen bereits falsch sein und umgekehrt.

Fehler zu machen und diese danach auch noch zuzugeben erfordert Mut. Daraus resultieren oft peinliche Situationen. Wenn sie es schaffen in solchen Situationen über sich selbst zu lachen (sofern es etwas zu lachen gibt), dann sind sie auf dem richtigen Weg! Seien sie mutig bei ihren Taten. Ein Boxer trifft auch nicht bei jedem Schlag. Würde er nur tatenlos im Ring herumstehen, wäre das sein Ende. Kämpfen sie gegen mögliche Peinlichkeiten mit ihrer stärksten Waffe an, „einem Lächeln". Und denken sie immer daran:

„Wer kämpft kann verlieren, wer nicht kämpft,
hat schon verloren!" [63]

Ich für meinen Teil habe vor zwei Jahren meinen eigenen Verein für die oben angeführte Thematik gegründet. Ich lade sie hiermit herzlichst ein, Mitglied zu werden.

Füllen sie einfach nur das nachfolgende Antragsformular aus und senden sie es an die oben angeführte Adresse.

„Blamiere dich täglich, und bleibe authentisch“
Verein zur Stärkung ihrer Entschlusskraft und
Aufmöbelung des Selbstvertrauens

Welches war für sie eine absolut peinliche Situation?

Wann haben sie sich das letzte Mal blamiert?

Worüber lachen sie gerne?

Wie oft lachen sie pro Tag?

Wie oft pro Tag sagen sie „Ja“ obwohl sie „Nein“ meinen?

Haben sie die Stärke über sich selbst lachen zu können (auch wenn ihnen vielleicht nicht gerade danach zu Mute ist)?

Sind sie bereit für ihre Fehler auch die volle Verantwortung zu übernehmen? Oder suchen sie nach Gründen bzw. Schuldigen?

Können sie sich vorstellen, die Fangemeinde des Vereins mit ihrer Hilfe zu vergrößern?

O ja, ich bin bereit und ersuche um Aufnahme in den Verein „Blamiere dich täglich und bleibe authentisch“

Datum, Unterschrift AntragstellerIn

Erschöpfung

Und wieder einer dieser Montage. Heute bin ich seit eineinhalb Monaten hier. Das Training und die damit verbundenen körperlichen Strapazen machen sich bereits bemerkbar. Ich schlafe schlechter, habe einiges an Gewicht verloren und spüre noch die Anstrengung des letzten Samstag Trainings, welches meine 6. Trainingseinheit in der vergangenen Woche war. All die oben erwähnten Anzeichen kenne ich aus meinem früheren Berufsleben als Fitness- und Gesundheitstrainer. Jedem, der mit den genannten Symptomen zu mir käme, würde ich sagen, dass dies ein klassischer Fall von „Übertraining" ist. Also, stellt sich für mich vorerst einmal die Frage: „Warum tu ich mir das an?" Niemand zwingt mich dazu, all diese Mühen auf mich zu nehmen. Muss ich mir etwas beweisen? Die Antwort auf diese Frage ist kurz und prägnant, wie immer. Es ist ebenso der Slogan des Shaolin Trainings im Tempel: „More CHI, Train Harder!" [18] *Selbst dann wenn du zu zweifeln beginnst und damit einhergehende Ablenkungen dich vom Weg abbringen wollen. More CHI. Verfolge deinen Weg weiter, jetzt erst Recht! Leg noch mehr Kraft und noch mehr Energie in die Dinge hinein von denen du überzeugt bist. Ich verfolge ja einen Traum. Und was dabei rauskommt, ist wie ich es über den Ausspruch Konfuzius eingangs erwähnte nicht wichtig, schließlich ist der Weg das Ziel.*

Mit der Kraft der Gedanken

Was das sogenannte Übertraining betrifft gibt es auch hier unterschiedliche Betrachtungsweisen. Natürlich sind unserem Körper gewisse Leistungsgrenzen auferlegt. Deshalb hat die moderne Sportmedizin zum Schutz für Überbeanspruchung auch modernste Geräte zum Festlegen der individuellen Leistungsgrenzen entwickelt. Was allerdings wenn ich ihnen sage, dass es Menschen gibt die diese Grenzen nur mit der Kraft ihres Geistes überwinden können. Ein Shaolin Novize würde bei den Worten: „Meister, ich darf die nächsten 72 Stunden keine Eimer mehr die 478 Stufen hochtragen, mein Körper benötigt eine Regenerationsphase, ich bin im Übertraining", belächelt werden.

„Wenn der Geist sich etwas vorgenommen hat, wird der Körper ihm folgen!" [46] Das Übertraining befindet sich in unseren Köpfen (ebenso wie die Aussprüche: ich bin heute so müde und geschlaucht). Es sind die Grenzen die wir uns selbst setzen. Mit anderen Worten: Wenn sie etwas tun wollen, auch wenn sie noch so erschöpft sein mögen, können sie es tun wenn sie es wirklich wollen. Allerdings beachten sie bitte, dass auch Shaolinmönche ihre Pausen nach diesem Prinzip gestalten. Nichtstun bedeutet, hier wirklich Körper und Geist zu erholen. In unseren Breitengraden wird sehr oft in der Freizeit ein zusätzliches Programm durchgeführt, weil man ja während des Arbeits-Alltags nicht dazukommt. Somit wird die Pause oft zu weiteren Anstrengungen benutzt. Frei nach dem Motto: Gestalten sie ihre Pausen mit der gleichen Intensität, mit der sie ihre Vorhaben durchführen" und der Begriff des Übertrainings wird an ihnen spurlos vorübergehen! Oder mit anderen Worten: „MORE CHI" auch bei Pausen!

Come on! Move! Get up! Let´s do it! NOW!

Na gut, dann eben auf zum täglichen Ritual, denn das bringt mich erst einmal auf Touren. Frühstück, Busfahrt, noch schnell einen Papp-Espresso im gegenüberliegenden Deli und hoch die Treppen.
Amituofo Sifu! Hello, More Chi, Merry Christmas everybody and a Happy New Year. Und das an einem ganz normalen November Montagmorgen. Wie nur ein paar Worte einen Gemütszustand beeinflussen können wird mir jetzt noch umso bewusster. Danke, dass ich all die Mühe auf mich genommen habe und allen Zweifeln erfolgreich widerstehen konnte. Die Draufgabe nach einem wunderbaren Training liefert Sifu in einem passenden Ausspruch, der anscheinend exakt auf diesen Tag und mich gewartet hat: „Life is always challenging you, so face it!" [64]*, das Leben fordert dich immer heraus, es liegt einfach an dir wie du mit diesen Herausforderungen umgehst. So, wie das Wetter einmal wunderschön sein kann, gibt es auch Tage, an denen es regnet. Die Kunst liegt darin, auch die Regentage dankend anzunehmen, schließlich gäbe es ohne Wasser kein Leben. Genauso ist es mit Gemütszuständen. Das Zauberwort dieses Tages war für mich auch jenes, dem ich das nächste Kapitel widme:*

MOTIVATION

Warm Up!
Jedes Training, jede Handlung, jeder Tag beginnt mit ihrem persönlichen „Warm Up". Ob sie dies als solches betrachten oder nicht, sie haben ihre Rituale. Im Sport hat speziell die Aufwärmphase eine der bedeutendsten Rollen.

Sie

- bereiten sich geistig auf die bevorstehende Trainingssession vor (befreien ihren Geist von den Alltagsgedanken)
- erhöhen ihre Körpertemperatur und beugen somit Verletzungen vor
- erhöhen ihre Aufmerksamkeit und richten ihren Fokus auf den vor ihnen liegenden Hauptteil der Trainingseinheit

Ebenso verhält es sich mit ihrem Leben. Ob das Aufwärmritual aus Badezimmer, Toilette, Kaffee, Frühstück, Zähneputzen oder was auch immer besteht. Sie haben ihre festgelegten Abläufe die sie täglich, einmal mehr und einmal weniger, auf Touren bringen.

Je mehr Aufmerksamkeit sie diesem Ritual schenken, desto besser sind sie auf die bevorstehende Trainingseinheit (ihren Tag) vorbereitet.

Bei der Fragestellung nach den beruflichen Aufwärm-Ritualen höre ich in meinen Seminaren sehr oft:

1.Kaffee machen
2.Computer aufdrehen
3. Mails checken usw.

Ihr Ritual mag aufgrund eines unterschiedlichen Berufsbildes jetzt ein völlig anderes sein, aber sie haben eines. Was passiert, wenn wir den o.a. Fall heranziehen, und dieses Ritual einmal aufgrund eines Verkehrsstaus oder des Verschlafens weggelassen wird? Während sie ihren Computer aufdrehen, liegen schon zwei Notizen von versäumten Anrufen am Schreibtisch, die sie sofort beantworten müssen. Noch dazu hat ihr

Vorgesetzter kurzfristig ein Meeting anberaumt, für das sie nicht genügend Zeit haben, um sich vorzubereiten und und und ...
Mit anderen Worten sie laufen den ganzen Tag, dem Tag hinterher.

Ein sogenannter Kaltstart tut weder ihnen noch einem Auto gut!

Nehmen sie sich diese Zeilen zu Herzen und zelebrieren sie Ihr tägliches Aufwärm-Ritual, es ist maßgeblich an ihrem Tagesablauf beteiligt. Wenn nötig, stehen sie noch früher auf, als sonst und schaffen sie sich ein stressfreies Warm Up.

Think about it !!!

Von der Wertschätzung zur Motivation

Bescheidenheit und **Wertschätzung** sollten ebenso antreibende Kräfte für ihre persönliche **Zieldefinition** sein, denn erst wenn sie wissen, was sie wirklich wollen, können sie sich auch jederzeit dazu motivieren!

Als langjähriger Leistungssportler, habe ich mir mit dem Begriff der Motivation nie schwer getan. Eine meiner ersten Lektionen als Jugendlicher war es, diesem ständigen Druck der bestehenden Gewichtsklassen standzuhalten. Neben dem täglichen Training bestand meine Motivation darin „widerstehen zu können", Fasten und damit verbundene Diäten standen für mich auf meinem täglichen Speiseplan.

Hier hat mir damals schon der Ausspruch Siddhartas geholfen:

„Alles was du im Leben benötigst ist
- FASTEN
- WARTEN
- DENKEN" [65]

Das Fasten hat immer eine reinigende Wirkung und Hunger ist eine treibende Kraft, und hiermit meine ich nicht nur den Hunger nach

Nahrung. Sich zum „Nicht-Essen“ zu motivieren war eine der lehrreichsten Lektionen, welche ich in meinen jüngeren Jahren machen durfte.
Allerdings muss es nicht immer der Hunger nach Nahrung sein. Sie können hungrig nach Liebe und Zuneigung oder Anerkennung sein. Wenn sie die Kunst des Fastens beherrschen, dann sind sie auch weniger manipulierbar! Sie müssen nicht essen, sie können ja warten! Nicht so zu reagieren wie es üblicherweise erwartet wird (wenn man hungrig, gleichzeitig ungeduldig und gereizt ist), verunsichert ihr Gegenüber und macht **SIE** unabhängiger.

Wenn sie sich mit dem Begriff des „Fastens“ näher auseinandersetzen, werden sie ebenso mit der Tugend der „Bescheidenheit“ in Berührung kommen. Wer ohne große Anstrengung fasten oder verzichten kann, ist gleichzeitig bescheiden und somit auch dankbar. Somit steigt auch die Wertschätzung zu kleinen oft unbedeutenden Dingen an. In unserer Welt des „Überflusses“ bedarf es keiner großen Anstrengungen an Nahrung zu kommen. Lebensmittel können mittlerweile fast überall und zu jeder Tageszeit gekauft werden. Und doch gibt es Menschen die auch bei uns hungern müssen. Haben sie die von Herzen kommende Dankbarkeit eines solchen Menschen schon einmal näher betrachtet, wenn sie ihm mit einer kleinen Spende auf ihre Art helfen? Wenn ja, sind ihnen mit Sicherheit auch die Dankbarkeit und Bescheidenheit aufgefallen die in solchen Fällen, wenn ernst gemeint, ein wunderbares Gefühl erwecken kann. **Mitgefühl**.

Sollten sie sich fragen, was Motivation jetzt mit Fasten, Bescheidenheit und dann auch noch Mitgefühl zu tun hat, dann lesen sie weiter!

„Nein ich mag das nicht essen, das schmeckt mir nicht“ Diesen Ausspruch höre ich regelmäßig bei den von mir im Sommer veranstalteten Trainingscamps für Kinder. Anfänglich haben sich meine Betreuer immer bemüht den Wünschen oder besser gesagt, den Befehlen unserer jungen Teilnehmer Folge zu leisten. Bis ich mich wieder einmal an einen Ausspruch meiner Großmutter erinnerte: „Hunger ist der beste Koch.“ [66]. Sollten sie jetzt glauben wir lassen unsere Kids hungern, nicht direkt. Wir beobachten sie. Oft wurden vor dem Essen Süßigkeiten genascht oder statt dem Essen eine Packung Chips vertilgt. Die Zeit, welche immer für uns arbeitet, tut ihr Nötiges. Irgendwann gehen die Reserven zu Ende und wir unterbinden, speziell bei denjenigen, die sehr wählerisch sind, den

Nachschub, indem wir ihnen keine weiteren Süßigkeiten mehr kaufen lassen.
Was dann geschieht, glauben mir dann oft nicht einmal deren Eltern, wenn sie ihre Kinder nach sieben Tagen abholen. Aussprüche wie: „Was mein Kind isst das? Das hat es zuhause noch nie gegessen!" Bingo! Weil es auch noch nie Hunger verspüren musste.
Natürlich möchte ich nicht den Eindruck erwecken, dass sie jetzt jeden zuerst hungern lassen müssen, damit die schwindende Wertschätzung wieder angehoben wird. Jedoch, wird das Prinzip des „sich rar machens" und „Mangel erzeugens" in der Wirtschaft ebenso angewendet. Dinge die man leicht, immer und zu jeder Zeit haben kann, haben einfach einen geringeren Wert. Wie sie für sich oder ihre Liebsten das Prinzip des Fastens anwenden, überlasse ich ihrer Vorstellung. Ich kann sie einzig dazu motivieren einmal, sofern sie es nicht schon gemacht haben, eine „Fastenkur" anzuwenden, sie werden merken, dass sich ihre Einstellung zu den alltäglichen Dingen sehr positiv verändert. Und zu fasten, das können sie mir glauben, stellt ihre „Motivationsfähigkeit" auf eine harte Probe.

Motivation, welche von innen kommt resultiert aus Erfahrungen, die sie sich selbst zu Teil werden ließen. Sei es in Form einer Fastenkur, welche sie positiv abgeschlossen haben oder auch an Tagen aufzustehen, wenn sie keinen Sinn mehr darin sehen! Wer diese Erfahrungen jemals machen durfte, kann in Situationen des scheinbaren Stillstandes immer wieder darauf zurückgreifen und sich neu motivieren! „Denn Stillstand bedeutet in diesem Fall den Tod, Bewegung allerdings bedeutet Leben!" [67]

Sollten sie das Gefühl haben, nicht mehr weiter zu können, weil sie nicht mehr wollen, dann machen sie eben kleine Schritte, aber machen sie welche!
Keep on moving!

Oft bedarf es ja nur des Aufwärm-Rituals und sie kommen wieder in Schwung, wenn das nicht mehr helfen sollte, definieren sie neue Ziele. Aber denken sie daran, solche auszuwählen, bei welchen sie auch gleich Erfolg haben können. Erfolg ist einer der besten Motivatoren. Sie bestimmen die Art ihres Erfolges. Das kann auch eine Tasse Kaffee sein oder ein nettes Gespräch mit einem Freund. Warten sie nicht auf den

Erfolg am Ende ihres Weges. Setzen sie sich viele kleine erreichbare Ziele und zelebrieren sie sie auch. Das wiederum schafft Platz für neue Denkweisen, Ideen und Träume.

Und sollte sie das noch immer nicht motivieren, denken sie daran:

Sie können nichts falsch machen, sie können nur aufhören ETWAS zu machen!

Disziplin, Motivation und Geduld lassen aus Absichten Taten werden. Diese führen zum ERFOLG. Die Geschwindigkeit auf dieser Reise durchs Leben gibt ihr Enthusiasmus vor!

M otivation
O hne
V iel
E ingrenzung

Der Motivations-Test

Irgendwie setze ich mir anscheinend jedes Mal selbst meine eigenen Herausforderungen. Nach einem wunderbaren Trainingstag zelebrierte ich mit meinem Freund Cài den wohlverdienten Feierabend in der kleinen ortseigenen Bar. Monday is Chicken Wing Day! 25 cents je! Eine Okkasion, die ich, ausgehungert wie ich bin, dankbar annehme. Für das Auffüllen des Elektrolythaushaltes gönne ich mir zwei Coors Light Biere, welche mir dann einen sehr erholsamen Schlaf bescheren.
Mit einem leichten Muskelkater begebe ich mich mit Breena zum allmorgendlichen Bones Jagen nach draußen. Aufgekratzt nach dem Knochenwerfspiel folgt sie mir bis kurz vor meinen Raum im Keller und stellt sich unerwartet vor mich. Ich verliere das Gleichgewicht und falle rücklings die sieben Stufen in mein Zimmer. Ob es mein CHI, meine Ukemi Waza-Kenntnisse (Anm.: Kunst des richtigen Fallens) oder einfach nur Glück waren, kann ich nicht sagen. Sofort bin ich wieder auf den Beinen und danke Gott, dass mir bei diesem Sturz, der hätte schlimm ausgehen können, nichts passiert ist.
Am Abend allerdings bemerke ich, dass mein linkes Handgelenk schmerzt. Dieser Schmerz wird allerdings von dem, welchen ich an meiner rechten Hüfte verspüre übertrumpft. Sitzen, liegen und auch gehen werden ganz plötzlich zu einer ungeahnten Herausforderung. Zur ersten Hilfe, habe ich Arnica und einige wenige Kenntnisse über diverse Notfalls Massagen. Na das kann ja am Mittwoch heiter werden.

Und das wurde es auch. Die Heiterkeit meinerseits wurde zusätzlich verstärkt, weil ich über das Kapitel der Motivation schmunzeln musste, welches ich keine zwei Tage zuvor niedergeschrieben hatte. Also, mal schauen wie das in der Praxis so wirkt. Nachfolgend habe ich kurz die Abläufe mit meinen Gedankengängen dazu für sie zusammengefasst:

Aufstehen
Nein danke, heute nicht, kann mich nicht einmal im Bett umdrehen. Okay, wer Wasser predigt, soll nicht Wein trinken! Also raus aus den Federn, Auuuuutsch!

Warm Up
Frühstücken im Stehen ist heute die angenehmere Variante. Ob ich wirklich ins Training soll, weiß ich noch nicht. Aber zumindest einmal in die Stadt

Busfahrt
Auuuuutsch!

© Joe Wolf 2011 **Suchbild** Breena und die Stufen, Spring Valley NY

Tempel
Yes I can, und jetzt erst recht

Danach
Was für ein s..g..les Gefühl! Ein weiterer kleiner Erfolg auf meiner Erfolgsskala, das tut gut!

Am Abend
Aktuelle Farbe meiner Pobacke bis über die Hüfte: BLAU, allerdings beinahe schmerzfrei, wie das geht? Keine Ahnung, will es auch gar nicht wissen, Hauptsache es funktioniert!

Und jetzt sitz ich hier mit einem Schmunzeln im Gesicht, betrachte nochmals meine Treppe und lasse den Gedankengang, des „was da alles passieren hätte können" gehen, und widme mich vor dem Einschlafen schönen Erinnerungen an meine Kinder und meine Freundin.
Good N8!

Guten Morgen!
Ein wunderschöner Novembertag. Untypisch für diese Jahreszeit hier. Wir haben 58 Grad (viel Spaß beim Umrechnen) und nichts bietet sich heute mehr an, als Tai Ji mit Breena im Freien. Nach einem wunderbaren Frühstück packe ich meine Sachen, denn diesen Tag darf man nicht einfach so verstreichen lassen und mache mich auf den Weg. Zuallererst möchte ich herausfinden, wie viel Zeit ich zu Fuß bis zur nächsten Bushaltestelle benötige.

© Joe Wolf 2011 „Der Weg“

Der Weg führt mich über eine wunderschöne, in Rottöne getränkte Landstraße welche sich mitten durch den Wald von Spring Valley schlängelt. Ich bin sehr überrascht, dass man hier sogar auf die Fußgänger Rücksicht nimmt. Vor mir erstreckt sich ein Sidewalk (Gehsteig) entlang der Straße, den ich bei den Autofahrten noch nie als solchen wahrgenommen habe. Wahrscheinlich lag es auch daran, dass er mit Blättern zugedeckt ist.

Ich liebe es, spazieren zu gehen. Nach meinem langen Krankenhausaufenthalt vor zwei Jahren, war es die einzige Möglichkeit mich zu bewegen. Ich erinnere mich zurück an meinen ersten Ausflug mit Nordic Walking Stöcken, deren Benutzer ich bis zu diesem Zeitpunkt belächelt hatte. Sie haben mir damals das aufrechte Gehen ermöglicht und mir somit, wie hier einem US-Amerikaner das Gefühl des „Mobilseins" (nur eben mit dem Auto) verliehen. Klingt komisch? Ja das war es auch. Bei meinen vielen Spaziergängen durch die Natur, habe ich auch sehr viel gelernt. Bis zu diesem Zeitpunkt bewegte ich mich ja entweder laufend oder mit dem Rad in der Natur. Es ist schon ein Unterschied ob sie gehen oder z.B. mit dem Rad eine Strecke fahren. Ich erinnere mich an ein sehr interessantes Gespräch mit einem meiner Schüler, der mir einst sagte, als ich ihm von meinem Vorhaben erzählte den Jakobsweg mit dem Rad zu fahren: „Natürlich ist es ein wunderschönes landschaftliches Erlebnis, aber du wirst dabei den eigentlichen Sinn dieser Reise niemals erfahren "Welchen denn? Den der Meditation, diese Reise benötigt eine Geschwindigkeit in der dir dein Geist sprichwörtlich auf Schritt und Tritt folgen kann". Aha!

Heute verstehe ich, was er damals damit meinte. Wenn das ständige Leistungsdenken wegfällt, verabschiedet sich auch der Druck, unter den man sich begibt, immer mit dem Hintergedanken, etwas für seine Gesundheit tun zu müssen. Ich hoffe, dass ich jetzt von den vielen Hobbysportlern nicht missverstanden werde. Natürlich ist es wunderbar, die jahreszeitlichen Veränderungen der Landschaft auch laufend erleben zu können. Aber warum denn immer rennen? Versuchen sie es hin und wieder auch einmal mit Spazierengehen! Man sieht vieles mehr, wenn man langsam geht. Schließlich ist ja der Weg das Ziel, nicht die Strecke die man am Ende zurückgelegt hat. „Abgesehen davon, sollten sie ihrem Geist auch einmal die Möglichkeit geben, sich „ihrer" natürlichen Geschwindigkeit anzupassen." [68]

So schlendere ich gemütlich vor mich hin und führe, wie so oft einen Dialog mit mir selbst über das oben erwähnte Thema des Fastens. Oft habe ich in meiner Zeit als Fitnesstrainer die unglaublichsten Entschuldigungen gehört, warum das Training diese Woche nur einmal statt vorgesehen dreimal besucht wurde. Warum man statt dem angeforderten Ernährungsplan dann doch der Einladung zum Abendessen folgen musste usw. Dieser Gedankengang führt mich auf einen Satz zurück, den ich auch sehr oft bei meinen Schülern, ob groß oder klein, höre:

ICH KANN NICHT!

Ok, dann erklär mir mal warum? Weil … und … außerdem …

Dieser Satz hat es eindeutig verdient genauer betrachtet zu werden. Ob ich ihn jetzt sage, weil mir die eine oder andere körperliche Übung im Training nicht gelingt, oder mir das aufgetragene berufliche Projekt einfach zu umfangreich und/oder kompliziert ist, ich mich im Moment einfach nicht von einer bereits gescheiterten Beziehung trennen kann. Es kommt immer auf das Gleiche raus: „ich kann nicht, bedeutet **ich will nicht**“
Sie glauben mir nicht, na gut dann bitte mir nach:

Los Peter komm schon, du schaffst das. Ich weiß dass du es kannst. Mittlerweile üben wir das Rad jetzt schon beinahe ein halbes Jahr und immer ist noch keine Verbesserung eingetreten.
ICH KANN ES HALT NICHT!!!
Ok, komm mal mit!

Daniel der seit nunmehr drei Jahren die Kindergruppe leitet, in der Peter seit einem Jahr regelmäßig das Training besucht, setzt sich mit ihm nach dem Training auf die Bank im hinteren Ende der Sporthalle und....

Ok, Peter warum kommst du denn überhaupt zu uns ins Training?
Weil es meine Eltern wollen! Sie wollen, dass ich mich verteidigen kann, sie sagen, dann werde ich nicht mehr so oft in der Schule ausgelacht, ich kann ja nix dafür, dass ich nicht so sportlich bin!
Wer sagt das?
Meine Eltern und meine Oma
Gibt es etwas, dass du lieber tun würdest als hier zu trainieren Peter?
Ja, ich möchte bei der Schauspielgruppe in unserer Schule dabei sein!
Na gut, dann stell dir jetzt mal folgendes vor!
Ich bin der Leiter der Gruppe und du hast einen Termin zum Vorsprechen für die Hauptrolle in diesem Stück! OK?
OK!
Da wir gerade ein altertümliches Stück proben, kommen darin auch ein paar wenige Fechtszenen vor. Bis jetzt konnte noch niemand meinen Ansprüchen für diese Rolle Folge leisten. Der Hauptdarsteller sollte auch eine Kampfszene realitätsgetreu nachspielen können, und ich liebe es wenn er bei einer speziellen Szene ein Rad schlägt, sich nach links wegdreht und seinen Gegner einen Tritt in den Hintern versetzt!

Los, lass uns das jetzt mal üben!
Haha, ja das ist cool.
Also, nimm diesen Stock als Degen, rauf auf die Bank, runterspringen, dann mit einem Rad hinter mich und dann einen Tritt in den Allerwertesten!

Das Rad das Peter bei dieser Szene vorführte, war nicht besser als jenes welches er vorher zum Besten gegeben hatte. Allerdings gab es einen riesigen Unterschied. Er führte es mit einer Hingabe aus, als wäre die vorgegebene Szene des Castings echt gewesen. Er bemühte sich, weil ja ...

... **weil er es wollte.**

Diese Geschichte ereignete sich in einem unserer Kindertrainings, welche ich persönlich lieber als Fabriken des Selbstwertgefühls bezeichne, denn als Kampfsportschulen. Die Kampfkunst hat viele Facetten. Jemandem zu helfen seinen Respekt vor sich selbst zu finden, ist eine lehrreiche, verantwortungsvolle und wunderbare Aufgabe.

Niemals ist es das Ziel wirklich zu kämpfen. Denn wer sich erst einmal zu einem Kampf überreden lässt, hat den ersten Kampf, nämlich jenen gegen sein Ego bereits verloren. Und dann geht es nur mehr darum, sich und den anderen beweisen zu müssen, wie gut man denn auch wirklich ist.

Nach diesem kleinen Ausflug in die Kampfkunst, zurück zum eigentlichen Thema, zu unserem Satz, „**Ich kann nicht**“
Wie die obige Geschichte zeigt, setzt man sich die Grenzen durch den Ausspruch dieses Satzes selbst. Nämlich zu hoch! Wenn man den Satz richtig ausformuliert mit, **ich will nicht** widergeben würde, wäre das auch die Wahrheit, der man anfänglich nicht ins Auge blicken möchte, sich vielleicht niemals Gedanken darüber gemacht hat oder vielleicht am Ende auch nicht den Mut hat „**nein**“ zu sagen.

Sagen sie, dass sie

- etwas **nicht können**, limitieren sie sich und ihr Tun!
- etwas **nicht wollen**, sind sie ehrlich zu sich selbst! Diese Wahrheit stärkt ihr Selbstvertrauen und wird sie auf lange Sicht niemals enttäuschen!

Was das heißt? Wenn ich sage ich kann dies oder jenes nicht, bedeutet es nichts anderes als, dass ich es nicht wirklich mit 100 % meiner Einstellung möchte. Also seien sie vorsichtig bei ihrer nächsten Zielsetzung. Wenn ich etwas wirklich will und mich auch dafür entschlossen habe, damit einhergehende Anstrengungen auf mich zu nehmen, schaffe ich es auch (siehe Kapitel Umsetzen, Tun).

Im Shaolin begegnet man Herausforderungen dieser Art folgendermaßen:

„Die Shaolin-Formel:

1. Vertrauen und Entschlosscnhcit
2. Schnelligkeit
3. Fähigkeiten
4. Bewegung“ [69]

Es dauerte eine Zeit bis ich diese mir bekannte Formel in meinem handsignierten Buch von Sifu Shi Yang Ming wiederfand. Dieses knapp zwei Jahrtausende alte Wissen findet nicht nur im Kampf auf Leben und Tod seine Anwendung. Nachfolgend habe ich versucht, die auf physischen Übungen basierenden Aussprüche in den täglichen Alltag zu übersetzen:

1. Entschlossenheit und Vertrauen

Dies sollte die Basis für jedes Vorhaben sein. Ein Kämpfer der in eine Schlacht zieht und an sich zweifelt, wird mit Sicherheit nicht wiederkehren. Ebenso verhält es sich in ihrem Leben. Deshalb sollten sie sich dessen bewusst sein, ob sie das was sie vorhaben auch wirklich wollen, denn dafür benötigen sie unbedingt Punkt 1

2. Schnelligkeit

Haben sie sich für eine Sache einmal entschlossen und auch das nötige Vertrauen in sich selbst, zögern sie nicht! Vorwärts! Setzen sie Taten! Hat man den Entschluss gefasst, ist die Zeit des Denkens und Redens vorbei. Jetzt gibt es nur mehr eines: Just do it!

3. Fähigkeiten

Erst an dritter Stelle kommen ihre Fähigkeiten zur Geltung. Das soll ihnen zeigen, dass es nicht immer wichtig ist z.B. erst eine Sprache oder ein Computerprogramm perfekt beherrschen zu müssen, bevor man sich für einen neuen Job bewirbt. Viel wichtiger sind ihr Entschluss und ihr Selbstvertrauen, gefolgt von unmittelbaren Handlungen. Ihre Fähigkeiten können sie auch noch „on the job" verbessern! Eine Metapher aus dem Kampf: Jede noch so „Schöne Technik" ist im Kampf unnütz, wenn die dahinterstehende Entschlossenheit fehlt!

4. Bewegung

Hiermit ist gemeint, dass sie das Schlachtfeld besser verlassen sollten, wenn Punkt 1. und 2. nicht in ausreichendem Maße vorhanden sind. Wie sie bei den Fähigkeiten gelesen haben, reichen diese alleine LEIDER nicht aus! Oft ist es besser, davon zu laufen und nicht zu kämpfen und erst dann wieder zurückzukehren, wenn man bereit dafür ist, also genügend Entschlusskraft und Vertrauen gegeben sind!

„Ja, das mag für dich schon stimmen, aber in meinem Leben verhält es sich anders ich kann das nicht, denn...."

Okay, ich gebe ihnen Recht. Sie haben gewonnen. Wenn man mit dem Satz „Ich kann nicht" seinem Unterbewusstsein den Befehl erteilt, die Grenzen für das „eigene" Tun festzulegen, wird dieser Befehl auch ausgeführt (Remember: Kapitel „Ich kann nicht"). So ganz nebenbei sollten sie darauf achten ob sie bei ihrem Satz „... ich kann nicht" die Begriffe WEIL oder ABER verwenden! Diese beiden Wörter sind Indikatoren für sogenannte Ausreden. Diese wiederum benötigen sie nur, wenn sie nicht den Mut haben den Satz „ich will nicht" gerade und ohne Umschweife über ihre Lippen zu bringen und ihnen das nötige Vertrauen in sich selbst fehlt. No Excuses!

„Wenn man etwas wirklich will, gibt es immer Wege!
Wenn man etwas nicht will, gibt es Ausreden!" [70]

Bedenken sie jedoch, dass es andersrum ebenso funktioniert! Versuchen sie es doch einmal mit „Ich kann". Allerdings, bitte Vorsicht! Werden sie sich vorher darüber im Klaren, ob sie auch „wollen"! Denn ein indisches Sprichwort sagt: „Wer auf die Jagd nach einem Tiger geht, muss damit rechnen, auch einen Tiger zu finden!" [71]

Steckt man sich Ziele, die man nicht erreichen kann, versprüht man auch den Eindruck eines Menschen, der etwas **nicht schafft**. Und um es klar auszudrücken. Es geht gar nicht darum, welchen Eindruck sie bei anderen hinterlassen. Sie hinterlassen bei **sich selbst** den Eindruck des **„nicht geschafft haben´s!"**

Also, seien sie sich im Klaren darüber was sie wirklich wollen, denn das können sie auch schaffen! In diesem Sinne
Chi it!

© Joe Wolf 2011 - Breena the German shepherd

Meine Lehrerin Breena

Eine weitere anstrengende Trainingswoche liegt hinter mir und ich spüre mittlerweile sowohl die physische, als auch die mentale Erschöpfung.
Übertrainingstheorie hin oder her. Jetzt fühle ich das Bedürfnis nach einer erholsamen Pause.
Sonntagvormittag. Ein weiterer wunderschöner Novembertag, bei welchem man glauben könnte es wäre Anfang September. Meinen Drang, früh aufzustehen und diesen Tag wieder spazierend im Freien zu verbringen, kann ich heute mit Leichtigkeit ignorieren, indem ich mich einfach noch einmal in meinem Bett umdrehe, die Augen schließe und meine Regenerationsphase weiterhin schlafend bis Mittag genieße. Danach zelebriere ich mein Frühstücksritual mit Breena, welche von Tag zu Tag, wie soll ich es sagen,

vertrauter oder besser „aufdringlicher" wird. Cài, der sich heute zur Urkundenverleihung der gestrigen Prüfung den ganzen Tag in der City aufhält, bekomme ich bis zum Abend nicht zu Gesicht. So habe ich das Haus wieder einen ganzen Tag für mich alleine. Nicht ganz!

Sind sie Hundebesitzer? Ich bin zwar mit Hunden aufgewachsen, allerdings besteht ein großer Unterschied darin, ob es sich um das eigene Haustier handelt oder um eines, welches sie quasi für einen bestimmten Zeitraum, sozusagen mitadoptiert haben. Oder in meinem Fall besser gesagt, wo sie selbst mitadoptiert wurden.

Miss „Breena" meine Lehrerin

Breena ist eine sehr süße, 3-jährige Schäferhündin und wie ich es ja schon erwähnt habe, sehr verspielt. Speziell wenn ich ihre ungeteilte Aufmerksamkeit habe, bringt sie mir ihren Knochen und fordert mich auf, diesen am Besten ganz oft, ganz weit wegzuwerfen. Grundsätzlich keine große Sache, ich mache es auch sehr gerne, weil ich mich so, mit ihr an der frischen Luft bewege. Allerdings verkürzen sich die Spielzeiten von Mal zu Mal. Und ihre Aufdringlichkeit wird immer „aggressiver". Oft kann ich mich nicht einmal mehr in Ruhe hinsetzen und mein, mit Liebe zubereitetes, Essen genießen. Schon steht sie bei mir, bellt mich an, springt mit ihren Vorderpfoten auf meine Oberschenkel oder auch auf meinen Unterarm und will mich zum Spielen überreden. Anfänglich habe ich ihr einfach die Balkontür geöffnet, um sie einfach nur rauszulassen. Auch das wurde mit der Zeit zu wenig für sie und schon steht sie wieder neben mir und setzt zum nächsten Sprung an, bei dem sie nun meinen Teller erwischt und ihn vom Tisch katapultiert. Verärgert springe ich auf und mache mich bereit für eine ernsthafte Konfrontation mit meiner vierbeinigen Mitbewohnerin. Dann passiert etwas mit dem ich nicht gerechnet habe. Breena bemerkt mein aggressives Verhalten, duckt sich vorne ab, stellt ihre Ohren auf und fletscht ihre Zähne.

Sprichwörtlich „knurrend" stehen wir uns beide gegenüber und warten auf ..., ja worauf? Ich denke, dass ich in solchen Situationen nicht allzu ängstlich reagiere, dennoch macht sich in mir ein unbehagliches Gefühl bemerkbar, welches ich schon lange nicht mehr verspürt habe. Ebenso habe ich keine Lust, mir mein wohlverdientes Mittagessen durch eine Konfrontation dieser Art zerstören zu lassen. Tja, allerdings ist dieser Zeitpunkt nicht auf später verschiebbar. Eine Entscheidung muss hier anscheinend in Form eines Machtkampfes sofort getroffen werden. Also entsinne ich mich kurz an Gespräche mit Hundebesitzern und los geht's.
Wie ich es bei meinen Entscheidungen der letzten Monate getan habe, repräsentiere ich „Entschlossenheit". Dass das hier nicht persönlich ist (komisch, weil ich ja noch dazu von einer Hündin spreche) möchte ich zumindest erwähnt haben.

No Breena!, Get out of here, go Platz! (Dieses deutsche Kommando hat sie ebenso wie „Aus", von ihrem Besitzer und ich wende es so an, wie ich es schon des Öfteren von ihm gehört hatte) Weiterhin Knurren und Zähne fletschen, eine sogenannte Pat Stellung also, mit der ich mich früher schon zufrieden gegeben hätte, schließlich habe ich ja meinen Mut, etwas zu tun, bereits bewiesen. Nein, diesmal ist es mir zu wenig,
Finish strong!

Mit lauter Entschlossenheit in der Stimme, schlage ich auf die Tischplatte und stampfe dabei gleichzeitig mit meinem Fuß am Boden auf. „Platz, I said!". Haben sie jemals Shrek gesehen? Erinnern sie sich an die Szene, wo der Kater vor Shrek steht und mit seinen unglaublichen kullernden Augen von unten zu ihm hochsieht?

Ich musste mich in dieser Situation wirklich überwinden nicht zu lachen. Reumütig geht Breena rückwärts mit ihrem „Shrek-Blick" in Richtung ihrer Decke und legt sich hin. Und bleibt noch dazu, um ehrlich zu sein, zu meiner Verwunderung, ruhig liegen.
Können sie sich dieses Triumphgefühl in mir vorstellen. So ähnlich fühlte es sich an, als ich zum ersten Mal auf einem Siegerpodest stand und mir die Goldmedaille für meinen ersten großen sportlichen Erfolg verliehen wurde. Nein, es ist noch besser.
1:0 für mich.

Natürlich war es damit nicht abgetan und die Szenen mit dem Knochen bringen wiederholten sich an diesem Tag noch des Öfteren. Jedoch reichte oft nur ein Blick und Breena wusste, was sie zu tun hatte. Nun sitze ich hier in meinem Zimmer, sie sieht mit ihrem treuherzigen Blick zu mir durch die Gitterstäbe und ja, ich bedanke mich bei ihr. Danke Breena, du warst heute meine Lehrmeisterin, du hast mir eine weitere Lektion auf dieser Reise erteilt.

Deshalb, werde ich mich kurz auf ein „Bring den Knochen" Spielchen mit ihr ins Freie begeben, das hat sie sich redlich verdient.

I'll be back! (frei nach Arnold the Governator)

Jeder ist Lehrer
Unterricht findet immer und überall statt

Wer kennt sie nicht diese Situationen? Müde und erschöpft von einem anstrengenden Arbeitstag, endlich zu Hause angekommen. Den wohlverdienten Feierabend vor Augen und dann …
Diskussionen und nicht aufzuschiebende Entscheidungen tätigen müssen. Nicht heute, kann das nicht bis morgen warten? Ich kann heute einfach nicht mehr (remember: "Ich kann nicht"?). Und dennoch sollten sie. Es ist eine weitere Lektion, die man zwar aufschieben kann, aber sie kennen ja den Ausspruch „Aufgeschoben ist nicht aufgehoben." Noch dazu mit unerledigten Dingen schlafen zu gehen, gibt ihrem Unterbewusstsein und speziell ihren Albträumen genügend Futter, um über Nacht gedanklich weiterzuarbeiten. Also erledigen sie, was zu erledigen ist. Und nehmen sie auch diese Art von Herausforderungen an, und zwar **jetzt** und nicht erst morgen oder später!
Wie bei vielen Herausforderungen liegt es oft nur an der Motivation den ersten Schritt zu tun. Ihr Mut wird ihnen dabei eine große Unterstützung sein. Und sie können mir glauben, ganz egal was am Ende dabei rauskommt, alleine die Tatsache, dass sie es begonnen und versucht haben, lässt sie den Tag positiv beenden. Und vielleicht gibt es ja auch Problemstellungen, die momentan nicht vollständig gelöst werden können. Zumindest hat man den ersten Schritt in eine Richtung getan, welche man später immer noch weiterverfolgen kann. Und manche Entscheidungen benötigen auch einmal eine Nacht des „darüber Schlafens." [72] Aber das finden sie während eines Gesprächs oder einer Diskussion selbst heraus. Vertrauen sie ihren Gefühlen. Es liegt, wie immer an ihnen, wie sie mit dieser Situation umgehen. Aber denken sie immer daran:
Etwas unausgesprochen zu lassen, belastet sie nur noch mehr und hindert sie daran ihre „Entspannungsphase" voll zu genießen.
In einem meiner Seminare mit einer IT-Gruppe habe ich einmal eine treffende Metapher zu diesem Thema gehört:

> Bei negativen Gedanken oder auch unausgesprochenen Dingen verhält es sich so, wie mit dem Arbeitsspeicher eines Computers. Ist dieser mit unwichtigen Programmen belegt, wirkt sich das auf die Geschwindigkeit der übrigen Arbeitsprozesse aus!

Also leeren sie ihren Arbeitsspeicher und schmeißen sie Dinge, die sie unnötig belasten in den Papierkorb. Auch wenn es nur für einen Tag ist, so haben sie doch die Möglichkeit, diese eine Nacht mit 100% ihres Arbeitsspeichers das Programm „Recovery" abspielen zu können.

Abschließend möchte ich diesem Kapitel noch einen Satz hinzufügen, welcher für mich persönlich in der Vergangenheit zu einem der wichtigsten Leitsätze meines Lebens geworden ist. Ich empfehle ihnen diesen aufzuschreiben und dort zu platzieren wo sie sich oft und regelmäßig aufhalten. Dort wo es für sie immer wichtige Entscheidungen zu treffen gibt. Lesen sie ihn solange bis sie ihn verinnerlicht haben:

Es gibt auf dieser Welt weder gute, noch böse Menschen
Es gibt Lehrer

„Es gibt weder positive, noch negative Ereignisse.
Es gibt Lektionen." [73]

Denken sie darüber nach. Er wird ihnen helfen, wenn sie das nächste Mal Situationen oder Menschen mit gut oder schlecht bewerten. Im Endeffekt handelt es sich immer um **Herausforderungen**.

„Feinde (Probleme) zu haben, bewirkt in uns immer ein Gefühl des Unbehagens! Es stört unseren inneren Frieden und bringt uns aus dem Gleichgewicht.
Betrachten wir diesen Aspekt jedoch von einem anderen Blickwinkel, kann es allerdings ebenso gut bedeuten, dass unsere Feinde uns die Gelegenheit bieten, Geduld und Gelassenheit an ihnen zu erproben und somit zu verbessern." [74]

Veränderung

Schnee und Weihnachtsstimmung zu Hause. Regen und Temperaturen um die 60 Grad Marke hier in NYC. Anscheinend lässt der Winter in den USA noch etwas auf sich warten. Heute ist wieder ein Trainingstag. Ehrlich gesagt, fällt mir das Aufstehen heute Morgen nicht so leicht, wie sonst. Also, drücke ich nochmal kurz den „Snooze" Knopf, unterdrücke den Alarm für weitere fünf Minuten und lasse meine Gedanken schon mal vorab in den neuen Tag starten.

Welche Erwartungen habe ich an diesen Tag? Er wird wunderbar, so wie auch die letzten Tage wunderschön gewesen sind. Allerdings muss ich zugeben, dass sich der Alltag (siehe Kapitel Alltag) breitgemacht hat und ich mich etwas zurückgelehnt habe. Dieser Zustand wurde mir durch eine E-Mail eines meiner Trainer bewusst, der mit Jänner kommenden Jahres den Job bei seiner Firma gekündigt hat, in welchem er sich anscheinend seit längerem schon nicht mehr wohl gefühlt hatte. „Change happens" war seine Aussage. Diese erinnerte mich an den eigentlichen Grund meiner Reise. Veränderung, bleib in Bewegung und schaffe neue Herausforderungen.

Also, die erste Veränderung des Tages ist auch mein sprichwörtliches Goal für diesen Tag. Ein Haarschnitt! Des Weiteren werde ich zwei Kampfsportschulen besuchen und um Trainingserlaubnis anfragen.

Dass ich an diesem Tag auch noch einige „tolle" Weihnachtsgeschenke ergattern würde, damit habe ich nicht gerechnet.

Zur Feier dieses erfolgreichen Tages, gönne ich mir dann noch mit meinem Freund eine Riesenportion „Jamacian Food". Danach begebe ich mich voller Vertrauen unter Messer und Schere meines Hobby Barbiers.

Auch wenn die Veränderung jetzt nicht so offensichtlich war (meine Haare waren ja sehr kurz), habe ich mich schon allein deswegen wohler gefühlt, weil ich einfach etwas an mir verändert habe. Ein gutes Gefühl sich etwas Gutes zu tun!

CHANGE HAPPENS

„Veränderungen geschehen, immer und überall. Wenn man so will ist „die einzige Konstante im Leben die Veränderung." [54] So wie sich die Erde um die Sonne bewegt und uns somit unterschiedliche Jahreszeiten beschert, wird auch kein Tag dem anderen gleichen.

Der Unterschied wie wir mit Veränderungen umgehen liegt einzig darin, ob wir diese „gewollt" herbeirufen oder sie einfach „passieren". Im ersten Fall haben wir zumindest das Gefühl, Kontrolle über die von uns herbeigerufenen Veränderungen zu haben. Wir wollen etwas verändern. Handeln wir also aus einem Gefühl, der Intuition heraus, haben Mut und Entschlossenheit, bewiesen und vertrauen auch noch darauf, dass wir mit dieser Veränderung unserer Vision einen Schritt näher kommen, sind wir auch eher bereit, auftretende Hindernisse als Herausforderungen anzunehmen.

Gestern habe ich auf einem Plakat gelesen, dass eines meiner Lieblingsmusicals nicht weit von hier aufgeführt wird. Die letzten beiden Wochen habe ich mich kaum aus meiner Wohnung rausbewegt. Wäre das nicht eine wunderbare Gelegenheit, wieder etwas Abwechslung in unseren Alltag zu bringen?
Ok, lass uns gehen!

Das ist eine Variante, von gewollter Veränderung oder auch „Farbe ins Leben bringen" wenn man so will. Hier greifen sie aktiv ins Geschehen ein.

Ok, denk daran, morgen sehen wir uns 17 Uhr zum Tennis, alles klar?
Ok, alles klar!

Verdammtes Wetter, ganze Woche freue ich mich auf diese Tennispartie und dann: Regen, Regen und nichts als Regen. Weiß Gott, wann wir für das nächste Mal wieder einen gemeinsamen Termin finden.

Tja, das Wetter ist nun einmal wie es ist. Wir können es nicht ändern, auch wenn wir es über die letzten Jahrzehnte krampfhaft versuchen, indem wir Unmengen an Kohlendioxid in die Atmosphäre stoßen (Anm.: Sorry, diese zynische Bemerkung konnte ich jetzt einfach nicht zurückhalten, dies ist die optimale Gelegenheit). Dieses Beispiel einer „uns aufgezwungenen"

Veränderung stellt sie vor eine weitere Herausforderung, in der sie ihre Gelassenheit testen können ;-)

Change happens, ob wir es nun selbst beeinflussen oder wir dazu „gezwungen werden. Jede Veränderung hat ihre Berechtigung. Einmal scheint die Sonne, dann wiederum regnet es. Veränderung ist Bewegung und Bewegung, wie sie in einem der vorigen Kapitel bereits gelesen haben, ist Leben. Wer immer nur Sonne möchte, muss auch bereit sein, in einer Wüste ohne Pflanzen leben zu wollen!
Veränderung ist immer und überall. Es ist unsere Einstellung, unser „Mind Setting“ welche es ausmacht, mit jenen umzugehen. Je schneller sie im Akzeptieren der veränderten Umstände sind, desto schneller können sie sich wieder den Dingen widmen, die sie „glücklich“ machen (sofern sie das nicht schon sind).

Die „Ins-Gute-Transformation"

Oh ja, sie erinnern sich an meinen Verein „Blamiere dich täglich?" Kennen sie sich mit iPhones aus? Ich definitiv nicht!

"Look, what I bought for my daughter yesterday! Guess, that was the best deal I've ever made!"
Mit diesen Worten präsentierte ich voll Stolz meinem Freund Cài, einem Apple User der ersten Stunde, mein um 99,- Dollar erstandenes iPhone, entsperrt für alle SIM Karten wohlgemerkt!
What the f.... is that?
Können sie sich vorstellen, wie ich mich nach seiner Reaktion gefühlt habe?

Nein?

Na gut. Innerhalb einer Minute hat er mir gezeigt, dass ich einen schlechten Fake, ein Billignachbauprodukt gekauft habe, welches höchstwahrscheinlich nicht einmal 20 Dollar wert ist. Doch, und darauf bestehe ich, es funktionierte!
Also, ab in die Stadt Return and Money back!
Beim Betreten des Shops wurde mir bewusst, dass das mit dem Return and Money back eine richtige Herausforderung werden könnte. Das Schild an der Wand direkt hinter dem Tresen war das erste Anzeichen: No refund, no cash back, no credit card! Das hab ich in meiner gestrigen Euphorie anscheinend übersehen.
Ja mein Freund, wir haben ihnen gesagt, dass es sich hierbei um kein richtiges Apple Produkt handelt. (Richtigstellung: Nein, haben sie nicht, ich habe nicht danach gefragt!) Wo leben sie eigentlich, dass sie glauben, dass sie ein Original iPhone um 99 Dollar bekommen?
Die Antwort: „In meinem Traum", spare ich mir, da ich denke, dass sich der hektische Verkäufer mit dem Wort D R E A M, schon lange nicht mehr auseinandergesetzt hat.

Auch mein Eingeständnis über mein Unwissen und den Preisunterschied zu Europa halfen mir nicht weiter. Sie wissen ja, „ignorantia legis non excusat"[75]

Ok, Geld zurück gibt's nicht, aber ich mache ihnen ein Angebot, diese Kamera kostet 349 Dollar (Anm.: den Namen dieses Produkts habe ich noch nie gehört). Sie bekommen sie um 40 Dollar Aufzahlung, also was ist?
Ist die Speicherkarte inkludiert? (Anm.: Bei Kameras, kenne ich mich zumindest ein wenig aus)?

Nein, Sie kriegen eine 8 GB Karte statt 15 um 10 Dollar dazu, also alles zusammen NUR 50 Dollar, Deal?

Aus meiner letzten Lektion mit diesem Verkäufer von gestern und meinen Erfahrungen habe ich mir vorerst einmal etwas Zeit mit einer Notlüge geschaffen und gesagt, dass ich erst einmal Geld abheben gehen muss.
Die Zeit nutzte ich um die Situation zu analysieren.

a) *Ich brauche keine Kamera*
b) *Ich bin hier her zurückgekommen um mit hundert Dollar mehr in der Tasche nach Hause zu gehen und nicht mit hundertfünfzig Dollar weniger und noch dazu einer Kamera die ich nicht einmal benötige*
c) *Da ist auch noch ein Gefühl …*

Also, all meine verbalen Überredungskünste haben im Endeffekt nicht geholfen, und sie erinnern sich: Es gibt weder gute noch schlechte Menschen (obwohl ich mir insgeheim kurz eine Runde im Ring mit diesem Shop Besitzer gewünscht hätte), es gibt nur Lehrer!

Da erinnerte ich mich an ein Telefonat mit einer sehr guten Freundin, welcher ich aufgrund ihrer Unterstützung unbedingt ein Geschenk mitnehmen wollte. Irgendwann kam das Gespräch auf das Thema Mobiltelefon. „Wenn du irgendetwas findest, lass es mich wissen, ich bezahle es dir wenn du wieder zurück bist. Mein Telefon macht es nicht mehr lange."
Und das war sie! Meine Eingebung, mein Gefühl. Dieser Shop, dieser Kauf, diese Begegnung hatten eine vollkommen andere Bestimmung als jene, die ich zuerst vermutet hatte. Das war die Gelegenheit jemandem etwas Gutes zu tun und …
… noch dazu aus diesen Lektionen, von meinen Lehrern, Herrn Schlitzohr-Shop Besitzer, der Firma Apple und ihrem iPhone (mittlerweile weiß ich sehr viel mehr darüber) und meinem Vertrauen in das Gute, zu lernen. Wieder einmal bekam ich den Beweis dafür, dass das Leben ein niemals endender Prozess des Lernens ist.

Mit einem zufriedenen Lächeln im Gesicht, sitze ich nun bei meinem wohlverdienten Bier und reflektiere meinen Tag und erinnere mich an einen Ausspruch einer guten Freundin von mir: „Du hast wirklich die Gabe alles Schlechte in Gutes umzuwandeln!". Wo sie recht hat sie Recht!
Deshalb …

ERWARTE IMMER NUR GUTES …

… so wirst du niemals enttäuscht werden! Sie, ich, wir sind etwas Besonderes. Wir haben **Gutes** verdient, wenn wir **Gutes** erwarten. Sie erinnern sich an das Kapitel über das Thema „Misstrauen“? Hätte ich von vorn herein Misstrauen an den Tag gelegt, würde ich niemals dieses zufriedene Gefühl verspüren, welches ich jetzt habe. Und ich weiß, dass dies eine „unerwartete und schöne Überraschung“ für meine Bekannte sein wird!

Vielleicht sind die Ergebnisse nicht immer so, wie man sie sich anfänglich vorgestellt hat. Veränderungen werden sie allerdings immer begleiten und ihre Anpassungsfähigkeit auf den Prüfstand stellen.

Es ist vielmehr eine Frage der Einstellung, mit welchen Erwartungen sie in den Tag starten. Erwarten sie Negatives, werden sie dieses auch anziehen. Es beginnt mit ihrer Einstellung, ihrer Körpersprache, ihrem Gesichtsausdruck. Sie können nicht erwarten, dass man ihnen höflich entgegenkommt, wenn sie ein düsteres Gesicht machen. Ebenso werden all ihre Aktionen, sofern sie von negativen Gedanken begleitet werden, von vorne herein zum Scheitern verurteilt sein. Warum? Sie schaffen ihren Tag im Vorhinein. Alles was sie in ihren Gedanken formen, wird in ein Gefühl (ihre Einstellung) umgewandelt werden. Haben sie positive Gedanken werden sie sich gut fühlen, und umgekehrt.

Aber sie sehen aus meiner Geschichte, dass es einzig die Einstellung und vor allem Betrachtungsweise (Kapitel Ins-Gute-Transformation) ausmacht, wie sie sich einer ihnen gestellten Herausforderung nähern. Ich für meinen Teil wusste, dass auf mich ein wunderbarer Tag wartet. Egal welche Vorkommnisse, egal welche Hindernisse, egal welche Niederlagen. Am Ende werde ich als Sieger auf dem Podest stehen. Weil ich es mir nach dem Öffnen meiner Augen gewünscht hatte. In meiner Form habe ich auch darum gebeten und mir **Positives** erwartet, in dem ich mich bereits vorab dafür bedankt habe.

Sie stellen sich vielleicht die Frage: „und was, wenn ich mich bereits in einer negativen Gefühlsstimmung befinde?“

Versuchen Sie es mal damit:

Rufen sie sich jene Dinge und Ereignisse in Erinnerung für die sie dankbar sind! Legen sie sich ihre Lieblingsmusik auf oder nehmen sie sich eine kurze Auszeit und gönnen sich eine Pause. Was auch immer, belohnen sie sich, betrachten sie sich aus der Vogelperspektive (Kapitel: Der Blickwinkel) und stellen sich folgende Frage:

„Trägt mein Ärger irgendetwas Positives zu meinem Leben bei,
oder kostet mich mein Ärger nur Jahre meines Lebens?“ [29]

„Nichts Tun“ ist „Tun“
Selbst „Nicht zu denken“ ist ein Denkprozess
Ebenso kannst du handeln, indem du „nicht handelst“
Somit kannst du auch „falsch“ zu „richtig“ machen
Also handle richtig, indem du dich fälschlicherweise
für das Nicht-Handeln entscheidest!
Denk mal ohne einen einzigen Gedanken darüber nach
und entscheide weise! [76]

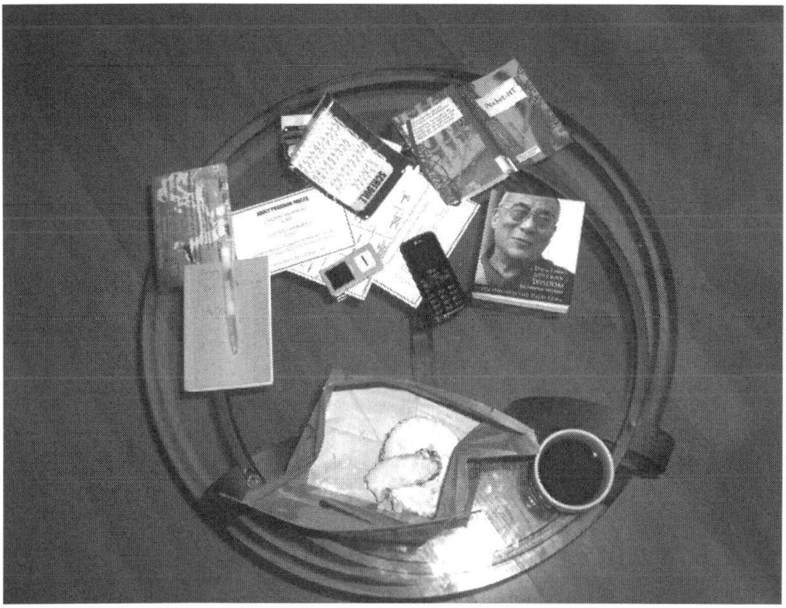

© Joe Wolf 2011 Mein „Desktop" und seine Inspirationen

Bevor ich mit meiner nächsten Geschichte beginne, möchte ich ihnen kurz zu Teil werden lassen, wie wunderbar und offensichtlich Gottes Zeichen sind. Ich habe niemals ein spezielles Thema im Sinn, das ich niederschreiben möchte, ich verlasse mich hier voll und ganz auf meine Intuition und versuche die Zeichen so gut wie möglich zu deuten.
Für das nachfolgende Kapitel hatte ich zwar schon ein Grundkonzept seit längerer Zeit mit mir herumgetragen, jedoch fehlte mir die nötige Inspiration und die dazu passende Geschichte. Und als ich heute Morgen die Augen öffnete, wusste ich, dass es wieder ein wunderbarer Tag werden würde.
Vor genau einer Woche fiel mir bei einem Besuch in einem Bookshop von New Haven ein Buch auf, welches mich durch seinen typisch amerikanisch aufdringlichen Einband angesprochen hatte. Nennen Sie es Schicksal oder Eingebung, ich fühlte, dass ich dieses Buch haben wollte. Die schreiende Überschrift „Your best life now" mit einem strahlenden Autor, der sein Zahnpasta Lächeln mit Anzug und Krawatte auf dem Cover präsentierte, deutete darauf hin, dass es sich um eine weitere Lektüre der Motivations- und Positiv Denken Literatur handeln würde.
Umso überraschter war ich, als ich nach dem Kauf herausfand, dass es sich hierbei um einen spirituellen Leader einer christlichen, sehr offenen, und noch dazu zeitgemäßen Glaubensgemeinschaft handelte. Gott hat mich sozusagen zu diesem Buch geführt, um mir weitere wunderbare Geschichten aus dem Leben zu erzählen. Glaube, vertraue und lebe! „Wenn du weißt, wo du hinmöchtest, und weißt wer du bist, wird er dir alle Wege ebnen, solange du fest an ihn und somit an dich, glaubst." [40]
Als ich heute Morgen mein nächstes Kapitel in diesem Buch aufschlug, staunte ich nicht schlecht, als ich die Überschrift sah. Ein Ausspruch, der mir in der nachfolgenden Geschichte selbst widerfahren ist und welcher mich auf eine weitere Probe meiner Gelassenheit stellen sollte. Das Kapitel trug die Überschrift:

"WHO DO YOU THINK YOU ARE?"

Das American Martial Arts Trainingscenter (Anm.: Name geändert) befindet sich nicht weit entfernt vom Shaolintempel New York auf dem Broadway. Bevor ich mein Zuhause verlassen hatte, habe ich noch nach einer passenden Alternative für Kontakttraining (Anm.: Zweikampfsport-Systeme wie Boxen, Kickboxen, Ringen usw.) gesucht. Als „Kontaktsportler" vermisste ich ein wenig das „spielerische" Kämpfen, welches ich zu Hause regelmäßig mit meinen Trainingspartnern betrieb.
American Martial Arts schien hier für mein Vorhaben laut Internetseite und meinem kurzen Besuch vor zwei Tagen exakt die richtige Location zu sein.

Obwohl ich die Donnerstage bis jetzt immer zu Hause verbrachte, mache ich mich heute aufgrund meiner Neugierde und dem Drang endlich wieder einmal Boxhandschuhe und Schutzausrüstung tragen zu dürfen auf den Weg in die City.
Shawn, der mich bereits vorgestern sehr freundlich beraten hatte, nahm mich direkt nach dem Eingang in Empfang und ich teilte ihm mein Vorhaben mit, heute zumindest an einer „Class" teilzunehmen.

Da mir nur mehr zwei Wochen blieben, um mich mit Kollegen - so dachte ich zumindest - „austauschen" zu können, war ich sehr willig und sogar bereit die gesamten 200 Dollar Monatsgebühr für das Non Limit Training, auf mich zu nehmen. Nach einem Special Deal habe ich zwar gefragt, jedoch ist es für mich eine Ehrensache unter Kampfkünstlern nicht zu verhandeln. Hier halte ich mich an meine mir selbst auferlegten Regeln des respektvollen Umgangs, der unter Kampfkünstlern herrscht.

Auf die Frage, ob ich denn bereits Erfahrung im Bereich der Kampfkünste habe, antwortete ich dann kurz und prägnant mit einem „Ja" und sparte mir ausführliche Erklärungen, denn so denke ich, wenn etwas sein soll, dann wird es auch geschehen. Ich erwähnte kurz meine 28 jährige Erfahrung, erzählte von meiner eigenen Schule (welche am Rande bemerkt ungefähr drei Mal so groß war, wie diese), nannte einige meiner Meister und wies auf meine Graduierungen hin.

Bis hier her war ich noch voller Überzeugung und Euphorie, und konnte es kaum erwarten endlich in die Umkleidekabine zu stürmen, um mir endlich meine Schützer, welche schon Staub angelegt hatten, anzuziehen.

Da ich es aus Europa gewohnt war, mich mit Instruktoren verschiedenster Systeme auszutauschen, indem ich mit ihnen trainierte, stellte ich die Frage, ob ich denn nach der 30 minütigen Open Training Class bei der Fortgeschrittenen Gruppe mittrainieren dürfte. Plötzlich setzte sich ein weiterer Trainer, welcher unser Gespräch mitverfolgt hatte, provokant mit verschränkten Armen und Beinen in einen Stuhl mir gegenüber und sagte:

"WHO DO YOU THINK, WHO YOU ARE?"

"Glaubst du, dass ich eine Herzoperation durchführen kann, nur weil ich das Grey's Anatomy Videospiel zu Ende gespielt habe?"

Etwas verdutzt, musste ich mir den Inhalt dieser Frage erst einmal setzen lassen.

Wer bin ich wirklich? Eigentlich versuche ich das seit 39 Jahren herauszufinden. Diesen Satz hielt ich zurück um eine diese Situation nicht eskalieren zu lassen. Abgesehen davon wollte ich mich nicht vor einem selbstverliebten Egoisten rechtfertigen und stellte somit eine Gegenfrage:

"OK, an welchen Kursen darf ich teilnehmen?"
"Nur an denen für Anfänger" war seine Antwort.
"Aber ich sagte ihnen doch, dass ich nur mehr für zwei Wochen hier sein werde und ich meine Erfahrungen im Training mit Fortgeschrittenen austauschen möchte!"

Hier möchte ich erwähnen, dass ich prinzipiell sehr verständnisvoll und respektvoll bin, wenn es um andere Systeme geht, speziell solche mit traditionellem Hintergrund. Da dies allerdings hier nicht der Fall war, wollte ich nicht wie schon einmal mit vollkommenen Anfängern meine Basisübungen vor dem Spiegel vollführen. Sie erinnern sich an das vorige Kapitel (erwarte immer nur das Beste für dich?). Andernfalls ist es verlorene Zeit!
Ich bemerkte wie der Ton meines Gesprächspartners rauer und respektloser wurde.
Und ...
... ich freute mich, da war sie, eine weitere Herausforderung, ich hatte wieder einmal die Möglichkeit meine Formel anzuwenden. Und los geht's:

Warte
Ich tat zunächst einmal nichts als einzig mit meinem Buddha-Lächeln, die permanent auf mich einprasselnden Erklärungen anzuhören, welche sich teilweise wie Entschuldigungen, warum ich nicht mittrainieren konnte, anfühlten.

Atme
Da ich mich bewusst auf meinen Atem konzentrierte, blieb ich auch sehr ruhig, und spürte das Signal meines Bauchgefühls, dass ich unter diesen Umständen hier gar nicht trainieren möchte

Denke

… und überlege dir wohin du willst. „Ich möchte mich hier mit Gleichgesinnten austauschen, und nicht in zwei Tagen ein neues System lernen."

Glaube

In diesem speziellen Fall glaubte ich jetzt an mich selbst und beantwortete mir die gestellte Frage folgendermaßen: Ich bin, ein erfahrener Kampfkünstler, der es sich selbst wert ist, mit mehr Respekt behandelt zu werden.

Tue

Ohne weitere Zeit zu verschwenden, bedankte ich mich, drehte mich vor meinem noch weitersprechenden Gesprächspartner um und verließ mein Klassenzimmer, und sprach noch vor dem Hinausgehen innerlich mein letztes Wort aus

Danke

Ich danke Buddha für die Gelassenheit, die er mir hatte zukommen lassen, denn wenn man so will, war dies jetzt nach meinem gefloppten Telefonkauf die zweite Niederlage in Folge. Und doch verließ ich die Arena siegreich. Diese Situation lehrte mich meine Selbstachtung unter Beweis zu stellen. Mit anderen Worten, hat mich mein Selbstrespekt davor bewahrt „Mittelmäßigkeit" annehmen zu müssen, wo ich doch das „Beste" für mich erwartet habe!

Schlussendlich, darf ich jetzt über eines meiner Lieblingsthemen schreiben, welches wunderbar zu dieser Geschichte passt.

BEWERTEN und URTEILEN

Wie würden sie auf die folgende Frage antworten? Bitte bedenken sie, sie müssen einzig ehrlich ihnen selbst gegenüber sein!

Urteilen sie?

Diese Frage ist natürlich sehr allgemein, und kann sich vom Beurteilen von Menschen bis hin zum Beurteilen von Umständen ausdehnen. Um näher darauf eingehen zu können, sollten wir uns vorerst unseren „Beurteilungswerkzeugen" widmen.

Auf die Welt kommen wir mit unseren 5 Sinnen. Sollten wir im Besitz all unserer fünf Sinne sein, können wir

Sehen
Hören
Riechen
Fühlen
Schmecken

All diese Sinne können wir in unserem Leben zur besseren Orientierung einsetzen. Wir erfahren, bewerten und speichern diese Erkenntnisse ab, auf welche wir, wenn wir sie benötigen, jederzeit Zugriff haben.

Was, wenn ich ihnen sage, dass diese Sinne ausschließlich für unsere **eigene** Beurteilung zur Verfügung stehen? In anderen Worten: Wir setzen sie ausschließlich dazu ein um **unseren** aktuellen Status abzufragen! Wie geht es mir dabei? Fühle ich mich damit wohl? Ist mir diese Situation oder Person angenehm?

Und jetzt sind wir an jenem Punkt angelangt, der sehr oft zu langen Diskussionen führt wenn ich ihn anspreche:

Aufnehmen ohne zu urteilen!!!

Sobald sie beginnen zu urteilen, setzen sie ihre persönlichen Erfahrungen ein um sie auf jemand anderen zu projizieren. Das Problem hierbei ist es allerdings, dass kein Mensch auf der Welt dem anderen gleicht. Wir alle sind Individuen mit unterschiedlichen Einstellungen und Erfahrungen.

Selbst eineiige Zwillinge können sich nur optisch gleichen, in ihrem Gefühlsleben und ihren Einstellungen allerdings sind dies zwei eigenständige Persönlichkeiten.

Aus diesem Grund sollten sie auf diese Frage unbedingt eine Antwort haben:

Wer bin ich?

Auch wenn das jetzt eigenartig klingen mag, und sie das Gefühl haben die Antworten sowieso zu wissen. Nehmen sie sich kurz Zeit für ein Check Up. Aktualisieren sie ihr Wissen über sich und nehmen sie sich die Zeit, die sie dafür benötigen! Suchen sie sich einen ruhigen Platz und reflektieren sie mit Hilfe ihrer Sinne und eines Spiegels:

MIRROR (Optisch)

Stellen sie sich vor einen möglichst großen Spiegel. Betrachten sie sich in Ruhe.

Beginnen sie von oben nach unten. Blicken sie jener Person tief in die Augen, welche jetzt unmittelbar vor ihnen steht!

Sind ihnen jemals diese kleinen Muttermale aufgefallen?

Lächeln sie! Zuerst versuchen sie Ihr Lächeln zu erzwingen (sie wissen was ich meine!)

Sehen sie jetzt funktioniert das richtige Lächeln von ganz alleine!

Beobachten sie sich ganz genau, ihr Lächeln sollte jetzt die Herrschaft über ihren gesamten Körper übernehmen.

Nun machen sie ein düsteres, finsteres unangenehmes Gesicht!

Welche Kleidung tragen sie im Moment?

Betrachten sie ihre Arme entlang bis zu ihren Fingern!

Lenken sie ihren Blick von der Brusthöhe bis hinunter zu ihrer Taille!

Betrachten sie ihre Hüften und dann ihre Oberschenkel.

Ihre Waden bis hinunter zu ihren Füßen!

Betrachten sie jetzt ihre Füße, und heben dabei ihre Zehen an und stellen sich danach auf ihre Zehenspitzen.

Jetzt nehmen sie ihren rechten Zeigefinger, tippen damit auf ihre Schädeldecke und drehen sich auf den Zehenspitzen in leichten Springbewegungen, wie eine Ballerina im Kreis (vergewissern sie sich allerdings, dass sie alleine im Raum sind!).

Haben sie all meine Anweisungen befolgt?

Wenn ja, sollten sie diese Lektion mit einem Lächeln beendet haben. Lachen ist gesund und macht uns attraktiv!

Sofern sie sich noch nie so exakt im Spiegel betrachtet haben, haben sie sich jetzt selbst mit ihrem optischen Sinn aufgenommen.

Sollten ihnen jetzt Gedanken durch den Kopf gegangen sein wie,
Vor ein paar Jahren war mein Haar noch dichter.
Meine Hüften waren schon einmal schmäler oder
vielleicht sollte ich meine Kleidung einmal updaten!

haben sie aus dem **Aufnehmen** ein **Urteilen** gemacht. Sie haben begonnen zu **bewerten**. Aufzunehmen ohne zu urteilen ist die Kunst des Lebens im Hier und Jetzt (Zen).

Die zweite Frage die ich ihnen wärmsten empfehlen würde ist jene, die ich mir selbst gestellt hatte, als ich mich vor jemandem rechtfertigen hätte sollen, der meine Geduld auf die Probe gestellt hatte:

„WIEVIEL BIN ICH MIR WERT?“

Der 100 Euro Schein

a) Sie halten einen offensichtlich frisch gedruckten 100 Euro Schein in ihren Händen. Die Druckertinte ist noch zu riechen und die jungfräuliche Glätte des grünen Scheins kann mit ihren Fingerkuppen auf Faltenfreiheit abgetastet werden.

b) Bei ihrem letzten Einkauf haben sie die Zahlung ihres Sofas mit einer 500 Euro Note getätigt. Die Kassierin gibt ihnen aus ihrer Kasse einen zerknitterten, abgegriffenen 100 Euro Schein retour, welcher offensichtlich schon seit mehreren Jahren im Umlauf ist.

c) Bei einem ihrer Spaziergänge finden sie eine grüne Banknote, die zerknüllt und völlig verschmutzt und eingerissen vor ihnen in einer Pfütze liegt. Als sie sich nach unten beugen, erkennen sie voll Freude einen 100 Euro Schein.

Alle 3 Geschichten beinhalten eine bei uns gern gesehene Banknote (sofern man sie erhält und nicht hergeben muss :-). Alle drei 100 Euro Scheine haben unabhängig von ihrem Aussehen den selben Wert, nämlich 100 Euro!

Ich möchte ihnen damit vor Augen führen, dass sie unabhängig von ihrem Äußeren, ihrem beruflichen und ihrem Beziehungsstatus oder ihrer materiellen Besitztümer, einen Wert haben, nämlich jenen den **sie** für **sich** festlegen! Wieviel sind sie sich wert?

Jede Bewertung wird aus der Erfahrung des Vergleichens gezogen.
Sofern sie sich immer mit sich selbst vergleichen, ihren Status abfragen, wo bin ich heute und wo war ich vor einem Monat, ist dagegen auch nichts einzuwenden. [21] Im Gegenteil, es ist sogar sehr wichtig, wie ich es in einem der vorigen Kapitel angesprochen habe, sich manchmal selbst auf den Prüfstand zu begeben und den eigenen Status abzufragen. Nur so können wir auch feststellen ob wir uns auch weiterentwickeln. Sie erinnern sich: Keep on Moving!

Abgesehen davon ist es unsinnig mit zweierlei Maß zu messen. Niemand ist besser oder schlechter, als der andere. Ist man sich dieser Tatsache bewusst, entledigt man sich damit auch gleichzeitig des Bedürfnisses, sich mit anderen vergleichen zu müssen.

Leider wird aus dem wertfreien Aufnehmen jedoch sehr oft ein Urteilen. Ich möchte jetzt niemandem unterstellen, dass er oder sie andere Menschen beurteilt, was im Endeffekt zu den sogenannten Vorurteilen führt. Nein, ich möchte dieses Kapitel eher weiterhin auf **sie**, auf **ihr** Erscheinen lenken.

Warum?

„Menschen die wissen wer sie sind und sich so akzeptieren, wie Gott sie geschaffen hat, sind auch resistent gegenüber entgegengebrachten Beurteilungen oder Vorurteilen. Diese Menschen werden auch niemals über andere Menschen richten oder urteilen.“ [77]

Denn:

„Richtet nicht, damit ihr nicht gerichtet werdet!
Denn wie ihr richtet, so werdet ihr gerichtet werden,
und mit dem Maß mit dem ihr messt und zuteilt,
wird euch zugeteilt werden!“ [78]

Gleichgültigkeit

Wieder einmal befinde ich mich auf meiner zweistündigen Busfahrt von meinem Zuhause zum Training nach Manhattan. Mittlerweile sehe ich die dreistündige Anreise zum Training als vorbereitende, und die Heimfahrt als reflektierende Meditation. Wenn sie sechs Stunden Zeit mit sich selbst verbringen können und nicht das Bedürfnis haben, wie viele meiner Reisekumpanen, auf ihrem Laptop einen Film anzugucken oder auf ihrem iPad Karten aufzuschlagen, stundenlang zu telefonieren oder zu SMSen und ihnen dieses „Nichtstun" dennoch nicht langweilig erscheint, dann haben sie vielleicht wie ich, diese Zeit zur Reflexion benötigt.

Physisch befinde ich mich im Moment irgendwo kurz vor dem Lincoln Tunnel, während meine Gedanken beim ersten Date mit meiner Freundin sind und ich über unsere erste Unterhaltung schmunzeln muss, als ich so beiläufig den Satz fallen ließ: „Weißt du, mit dir heute hier sein zu dürfen, ist etwas Wunderbares! Dennoch sollten uns alle Dinge im Leben als „gleichgültig" erscheinen". Worauf sie sagte: „OK dann einigen wir uns einfach darauf, dass dir dieses Date einfach **gleichgültig** *ist!" In diesem Moment wünschte ich mir der Boden täte sich vor mir auf und ich könnte samt meinem Barhocker einen Stock tiefer fahren, den Rewind-Knopf drücken um diesen Satz wieder zu löschen! Manchmal hat der Ausspruch „Reden ist Silber, Schweigen ist Gold"* [79] *doch seine Berechtigung. Zukünftig werde ich mich jedenfalls für „Gold" entscheiden, welches noch dazu mehr Wert ist.*
Nichts desto trotz, führte dieser Satz bei späteren Unterhaltungen zu tiefgründigen Gesprächen, an welche ich mich hier, kurz vor dem Eintauchen in den unterirdischen Verbindungstunnel nach Manhattan, gerne zurückerinnere!

Gib allen Dingen die gleiche Gültigkeit

Etwas als „gleichgültig“ zu bezeichnen wird in unserem Sprachraum auch mit „Es ist mir egal“ gleichgestellt. Dass dem nicht so ist, möchte ich ihnen bei der näheren Betrachtung dieses Wortes und seines Ursprungs kurz vor Augen führen.
Würde man die Silbe „gültig“ durch „wertig“ ersetzen, kämen wir dem näher, was ich in meinem tollpatschigen Ausdruck ursprünglich transportieren wollte.

Gäbe man allen Dingen auf diesem Planeten die gleiche Gültigkeit, so würden uns viele Enttäuschungen erspart bleiben.

„Aber heißt das nicht auch, dass ich mich jetzt über nichts freuen soll?“
„Nein, heißt es nicht!“, ebenso wenig wie man die Schmetterlinge des ersten Dates im Bauch verspürt sollte man die Welt durch eine rosarote Brille betrachten. Es sollte hier eine genaue Unterscheidung zwischen Emotionen „zügeln“ und Emotionen „zulassen“ getroffen werden. Ich möchte ihnen kurz die Konsequenzen von extremen Gefühlsschwankungen vor Augen führen.

Die Achterbahn

Sie erleben ein enormes Glücksgefühl, z.B. wenn sie sich verlieben oder Millionen im Lotto gewinnen. Dieser Moment katapultiert sie auf die höchsten Ebenen ihres emotionalen Empfindens. Wie bei einem Motor können sie ihren Drehzahlmesser nicht ewig in diesem roten Bereich halten. Somit werden sie nach einiger Zeit wieder auf den sogenannten „Boden der Realität" zurückkehren. Sie realisieren erstens, dass ihre Liebste oder ihr Liebster, ebenso Mensch ist, wie alle anderen, mit Stärken aber auch Schwächen (welche anfänglich nicht erkannt werden wollen). Und zweitens dass, „das Leben eines Millionärs auch nur das Leben eines Menschen ist, der früher oder später feststellt, dass Zuneigung, Liebe und Freundschaft mit Geld nicht käuflich sind." [20]

Da unser Verstand dieses „Zurückkehren zur Normalität" allerdings nicht wahrhaben möchte, projiziert er uns Gedankengänge wie: „ich möchte diesen Augenblick festhalten und nie wieder loslassen." (Kapitel: Change Happens) Dadurch wiederum entsteht Angst. Etwas, das meinem Leben scheinbar eine unermessliche Bedeutung gegeben hat, möchte nicht so schnell wieder hergegeben werden. Ob dies nun ein Gefühl oder etwas Materielles gewesen ist, das mir dieses Glücksgefühl verschafft hat, ist in diesem Fall nicht von Bedeutung.

Somit folgt nach dem sogenannten Hype, meistens das darauffolgende Down. Dieses motiviert uns dann wieder den nächsten Hype anzustreben, damit wir nach dem Erreichen der Spitze wieder im Stile einer Achterbahnfahrt zum nächsten Sturzflug ansetzen. Und so weiter. Bei ihnen ist es nicht so? Dann gratuliere ich ihnen herzlich, denn dann haben sie verstanden diese extremen Schwankungen hinter sich zu lassen und sich für eine gemütliche und gleichmäßige Fahrt auf ihrer Achterbahn durchs Leben entschieden!

Erst durch das Erleben von „Tiefen" kann ich mich über neue „Höhen" freuen.

„Aber das ist doch ein langweiliges Leben, wenn ich mich nicht spüre, nicht weinen oder lachen kann!" Auch hier möchte ich ihnen Recht geben, denn – sie erinnern sich - Sie haben es in der Hand, wohin sie ihr **Chi** lenken wollen! Einzig und allein sie entscheiden darüber ob sie sich solchen Extremen aussetzen wollen oder nicht.

Es geht nur darum, dass ihnen die Konsequenzen ihres Handelns bewusst werden. Denn, wenn sie sich das nächste Mal für den Weg des „raketenhaften Aufstiegs“ und dem des „freien Falls“ entscheiden, seien sie sich bitte auch bewusst darüber, dass sie sich dann in den Phasen des Selbstmitleids immer wieder einen Ausspruch vor Augen halten:

„Es war meine Entscheidung“ also
„NO EXCUSES“
„NO MOANING“
„ NO COMPLAINING“

So tun sie sich und ihrem Umfeld einen riesigen Gefallen und tragen zu einer schnelleren Re-Stabilisierung ihres Gefühlsbarometers bei!

„Vielen Dank, dass sie mit uns geflogen sind. Wir möchten uns nochmals für den turbulenten Flug entschuldigen und wünschen ihnen eine angenehme und vor allem ruhige Weiterreise durchs Leben. Ihr Kapitän Mr. Truth und seine Crew verabschieden sich und würden sich freuen, sie wieder an Bord der Equal-Flight-Airlines begrüßen zu dürfen. Thank you und Good Bye!“

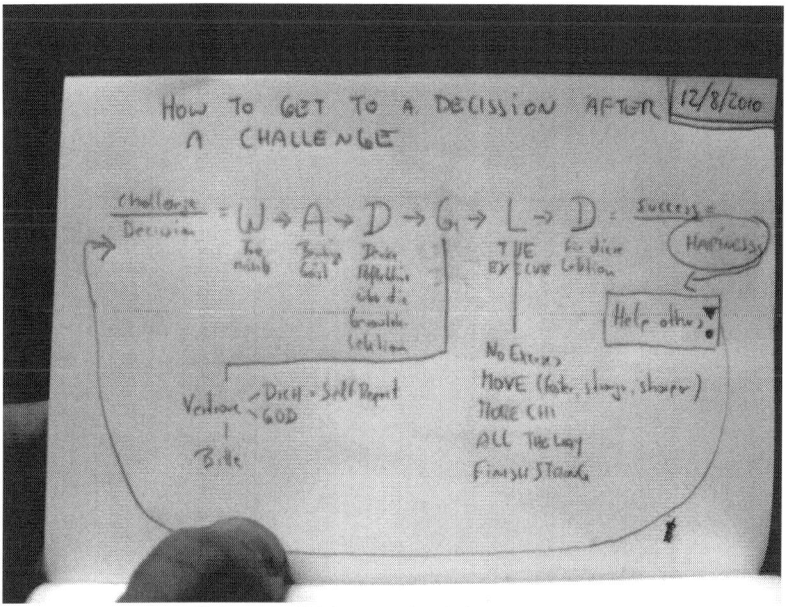

© Joe Wolf 2011 My birthday present

Neu geboren

Happy Birthday! DANKE! Ich feiere heute Geburtstag, ich liebe Geburtstage. Meinen letzten Geburtstag hatte ich im August gefeiert. Heute feiere ich am 8. Dezember. Immaculate Conception (Der Tag der unbefleckten Empfängnis). Ob dies ein Zufall ist? Ich weiß es nicht, ich weiß einzig, dass ich heute das Gefühl empfinde feiern zu wollen. Deshalb belohne ich mich vor dem bevorstehenden Training diesmal sogar mit einer Packung MANNER Schnitten aus meinem Heimatland! Awesome, yeah!
Diesen Tag werde ich ab jetzt ebenso zelebrieren, wie meine vielen anderen Geburtstage. Eigentlich ist es ja die Geburtsstunde meiner eingangs erwähnten Formel. Kurzum, ich feiere die Geburt eines neuen Lebensabschnittes. Es ist dies die Antwort auf meine ungestellte Frage, die ich als Geschenk für meine Entscheidung und deren Durchführung erhalten habe. Wenn man so will, ist es für mich persönlich sogar die Antwort auf die Frage nach dem Sinn des Lebens.

Ich habe den Sinn des Lebens für mich zwar immer schon genau definieren können, allerdings scheiterte es sehr oft an dessen Durchführung. So wie seine Heiligkeit Dalai Lama sehe ich den Sinn des Lebens darin „glücklich" zu sein. [52] *Denn erst wenn ICH glücklich bin, kann ich dieses Glück auch mit anderen Menschen teilen, bzw. ihnen HELFEN. Ich habe in der Vergangenheit oft geholfen, allerdings muss ich zugeben, dass ich mich dabei nicht immer glücklich gefühlt hatte.*
Ich weiß, dass ich jetzt den Schlüssel zum letzten Schloss des Geheimnisses „glücklich zu sein" gefunden habe. In der Theorie kannte ich die Antwort schon lange davor. Diesmal allerdings darf ich behaupten, diese Theorie auch in der Praxis oftmals angewandt zu haben. Und sie funktioniert wirklich: ICH KANN sogar NEGATIVES in POSITIVES umwandeln! Wie? Indem ich meine Einstellung verändert habe, meine Gedanken neu programmierte und wie bereits schon erwähnt immer das Beste erwarte. Im Unterschied zu früher, lasse ich mich durch aufkommende Zweifel nicht mehr ablenken. Ein Beispiel gefällig?

Gestern erhielt ich eine E-Mail eines sehr guten Freundes. Es ging darin um die zukünftige Vorgehensweise bei einem unserer gemeinsamen Projekte.
„Nein, das können wir nicht machen! Diese Entscheidung bedarf einer genauen Analyse, du bist ZU POSITIV! Vielleicht sehe ich es ja auch etwas zu NEGATIV, aber so gleichen wir uns wenigstens aus", waren seine Worte.
NEIN, das tun wir nicht, denn ein ZU POSITIV kann es niemals geben! Ebensowenig kann Feuer als ZU HEISS bezeichnet werden. Feuer ist einfach heiß!

PROGRAMMIEREN SIE IHRE EINSTELLUNG NEU

Kennen sie sich mit Baseball aus? OK! kurze Erklärung:

Ein Hitter oder Batter ist der am Schlagmal stehende Spieler mit dem Schläger in der Hand, der drei Versuche hat, den Ball, welchem ihm der Pitcher in hoher Geschwindigkeit entgegenwirft, in das Spielfeld zu treffen. Trifft er den Ball so hart, dass er über die hintere Spielfeldgrenze fliegt, nennt man dies einen Homerun.

Der Pitcher ist der Gegenspieler des Hitters, er versucht den Ball in eine bestimmte, vorgegebene Zone, dem sogenannten Catcher (welcher hinter dem Hitter steht) zuzuwerfen. Das Ziel des Pitchers ist es, den Ball so zu werfen, dass in der Hitter verfehlt. Dafür stehen ihm drei Versuche zur Verfügung.

Ein kleiner Junge ging mit seinem Baseballschläger in den Hinterhof und sagte zu sich: „Ich bin der beste Hitter der Welt“. Er nahm den Ball warf ihn in die Luft und schwang seinen Schläger. Daneben! STRIKE 1
Voller Enthusiasmus und Vertrauen in sich selbst, warf er den Ball erneut hoch, holte aus und...... STRIKE 2
Für seinen letzten Versuch, schloss er kurz die Augen, voller Konzentration sagte sich abermals: „Ich bin der beste Hitter der Welt“. Diesmal machte er es sich etwas leichter und warf den Ball noch höher als zuvor, so blieb ihm mehr Zeit sich auf den Schlag vorzubereiten. Er holte mit aller Kraft zu seinem letzten Schlag aus, welcher ein Homerun werden sollte und...... SWOOOOSH
verfehlte abermals STRIKE 3.
Daraufhin legte er seinen Schläger auf den Boden und sagte mit einem breiten Lächeln zu sich selbst: „Ich hab´s gewusst, ich bin der beste Pitcher der Welt.“

Das nennt man POSITIVE Einstellung. Turn bad things into good! Es ist Sache ihrer Einstellung und eine Frage der Betrachtungsweise. Worauf wollen sie ihre Gedanken programmieren? Bestimmt kennen sie das Beispiel mit dem halbvollen, bzw. halbleeren Glas. Nimmt man dieses Beispiel her, kann man es sogar noch übertreffen in dem man es nicht nur halbvoll betrachtet sondern einfach dankbar darüber ist überhaupt ein Glas mit einem Getränk zu haben!

Ich höre oft, Worte wie: „Na ja ich hatte ja eine schwere Kindheit und Jugend, in meiner Familie musste bis heute jeder hart für seinen Erfolg arbeiten."
Oder: „Das Geld wächst ja schließlich nicht auf den Bäumen." Ich gebe jedem Recht, der das behauptet. Allerdings, sagt auch niemand, dass man diesen Umstand nicht jederzeit ändern kann. Auch wenn Generationen vor ihnen niemand ein erfolgreicher Basketballspieler war, sie können es werden! Keiner hatte in ihrer Familie, so lang sie zurückdenken, je einen Job mit Führungsverantwortung. Sie können ihn haben!

„Sie haben es in der Hand ihre Sterne neu zu ordnen!" [80] Und mit dem vorangegangenen Thema NO EXCUSES muss ich sie wieder einmal darauf zurückführen, dass es auch für die vielleicht „noch so harte" Vergangenheit keine Entschuldigung gibt. Jeder Mensch hat zu jeder Zeit die Möglichkeit seine Einstellung zu ändern. So ist unser „freier Wille" Fluch und Segen zugleich. Wenn man so möchte, ist die „Eigenverantwortung" Teil unserer „persönlichen Freiheit." Wir allein können über die Stärke und das Material unserer Gitterstäbe entscheiden, die wir für unser eigenes kleines Gefängnis verwenden. Sind diese aus weichem Balsaholz, ist es eine Leichtigkeit sie jederzeit zu durchbrechen, wenn wir es auch wirklich wollen!

Seien sie nicht länger der arme ausgenützte Mieter, den man von Mal zu Mal mehr auszuquetschen versucht. Werden sie zum Hausbesitzer, der selbst Wohnungen vermieten kann.
Es sind niemals die Emotionen, die sie vielleicht in ein Tief ziehen und dort verharren lassen. Emotionen sind nur die Manifestation unserer Gedanken. Wenn sie sich schlecht fühlen, dann überlegen sie einmal, was sie zu diesem Gefühl veranlasst hat. Warum geht es mir nicht gut? Weil mich jemand emotional verletzt hat? Weil es doch früher viel schöner war, als ich noch mein altes Leben hatte? In diesem Zustand kann ich einfach nicht „positiv" denken. Ich fühle mich einfach nicht danach! Richtig?

Und deshalb bekommen sie auch genau das, was sie in ihren Gedanken bereits vorprogrammiert haben: Negative Emotionen!

Bei einem Computer verhält es sich genauso. Vereinfacht ausgedrückt ist dieses Wunderwerk der Technik da, um das zu tun, was wir ihm befehlen. So wie wir ihn programmieren und welche Arbeitsschritte wir festlegen, so kann er uns entweder dienlich sein oder uns belasten.

Hardware und Software

Würden wir diese Metapher auf unser Leben beziehen, und unser äußeres Erscheinungsbild (Charakter) der Computer, also die Hardware wäre, unsere Emotionen die Programme, könnten wir somit die Arbeitsqualität dieses Gerätes beeinflussen. Verwenden wir jetzt ausschließlich qualitativ hochwertige Programme (positive Gedanken) werden wir unseren Computer als gut funktionierendes Gerät (glückliches erfülltes Leben mit viel Freude, Liebe und Spaß) bezeichnen, weil wir damit jede Arbeit im Nu bewältigen können.

Müssen wir uns allerdings über die nicht funktionierenden Programme (negative Gedanken) ärgern, bewirkt das eine negative Gefühlsstimmung, welche wir durch unsere Hardware (unser Verhalten) nach außen projizieren. Es liegt also ausschließlich an uns, für welche Programme wir uns schlussendlich entscheiden.

Nun kann es allerdings auch vorkommen, dass selbst bei den besten Programmen Fehler auftreten, weil sie durch Viren (Zweifel) beschädigt werden. Im Klartext heißt das, dass auch unsere positivste Einstellung oft durch Zweifel oder Ungeduld in eine negative umgewandelt werden kann. Was wir dagegen tun können ist, unseren Virenschutz (unser Vertrauen und unseren Glauben) immer wieder zu erneuern!

Wir werden zu dem, was wir uns in Gedanken vorstellen (Jesus)

Dorthin wo dein Geist schon ist, wird auch dein Körper folgen (Buddha)

Achte auf deine Gedanken … sie werden dein Schicks … (Talmud)

All diese Aussprüche, ob sie nun einer Religion oder einer Philosophie entspringen, sind zum Teil tausende von Jahren alt. Das „Positiv Denken" ist somit keine Erfindung unserer Zeit.

Es liegt ausschließlich an uns, mit welchen Programmen wir unseren Computer bespielen wollen. Sie können es noch heute tun. Es bedarf weder einer speziellen Zeit noch bestimmter Ereignisse. Denken sie allerdings auch an ihre Virenprogramme, ihr Vertrauen, ihren Glauben. Dieser sollte sie immer begleiten, egal wie stark die Angriffe von außen sein mögen, erneuern sie regelmäßig ihre Firewall!
Ich erinnere mich an Aussagen wie:
„Das was du hier tust, ist Realitätsverweigerung" oder
„Du siehst alles durch eine rosarote Brille, nimm sie doch einmal ab!"
„Niemand kann sich alles immer nur „Schön" reden!"

Wer sagt, dass es nicht funktioniert?

Aus eigener Erfahrung darf ich jetzt sagen, dass ich lange genug auf Stimmen von außen gehört habe und mich brav an die mir von der Gesellschaft festgelegten Regeln gehalten habe. Außer, dass es mich oft unglücklich machte, da ich permanent irgendwelchen Phantomen hinterher jagte, ich mich manipulieren ließ und somit auch selbst eingegrenzt habe, gibt es nicht viele positive Erfahrungen, von denen ich berichten könnte.

Sorry, da war ja auch noch das Argument
„Ja, aber ein sicherer Job ist besser als gar keiner!". Oder kennen sie den?
„Schuster bleib bei deinen Leisten!"
„Um dieses oder jenes zu erreichen, musst du ja zuerst …!"

Diese von unserer Gesellschaft vorgegebenen und teilweise von Moralvorstellungen geprägten Grenzen limitieren zuerst unser Denken und in weiterer Folge unser Tun! Niemand kann ihnen ihre Gedanken oder Träume vorschreiben! Und wie sie in den vorigen Kapiteln gelesen haben, manifestieren sich diese, wenn wir daran glauben und darauf vertrauen. „Einzig Gott kann uns limitieren!" [81] Niemand sonst! Da er uns allerdings den „freien Willen" gab, sind wir diejenigen die sich ihre Grenzen selbst setzen. Welche? Das liegt alleine an uns!

Siegen ohne zu Kämpfen!

Ein sehr guter Freund sagte einmal zu mir: „Jene die dich nicht begreifen, greifen dich an!“ [82] Und oft sind diese Angriffe das Resultat einer Emotion „Neid.“ Dieser ist auch der Nährboden für die Gier, „Neid und Gier sind auch die Wurzel allen Leidens“. [83]

Was wenn ich ihnen sagen würde, dass jeder Angriff gegen sie eigentlich ein Hilfeschrei nach Liebe ist! [84] Können sie sich das vorstellen? Menschen, die sie angreifen, beschuldigen oder ihnen Fehler vorwerfen, schreien in Wirklichkeit nach ihrer Aufmerksamkeit. Klingt das nicht absurd?

„Menschen tun Böses, damit man vor ihnen Angst hat, so denken sie, dass sie von niemandem angegriffen werden können!“ [85]

Dieser Ausspruch stammt von meiner Tochter, welchen sie mir bei einem Spaziergang durch den Park zugeworfen hatte. Ich muss zugeben, dass mich die Worte dieses zwölfjährigen Kindes sehr zum Nachdenken veranlasst haben!

Gehen sie mit dieser Betrachtungsweise in die nächste Konfrontation, werden sie durch ihr Verständnis anders reagieren, als es von ihnen erwartet wird. Instinktiv reagieren wir auf Angriffe (Beschuldigungen) zumeist mit einer ebenso aggressiven Verteidigung. Im Kampfsport verwendet man den Begriff „Kontertechniken“, verbal könnte man dies als „Rechtfertigung“ bezeichnen. Reagieren wir allerdings

„auf uns einwirkenden Druck mit einer Zugbewegung und auf eine Zug- mit einer Druckbewegung,“ [86]

dann wenden wir das Prinzip der „weichen“ Kampfkunst an. Allerdings seien sie sich dessen bewusst, dass dieses Wissen nicht über Nacht in die Tat umgesetzt werden kann. Die Meisterschaft in der Kunst des „Siegens durch Nicht-Kämpfen“ [87] zu erlangen erfordert jahrelange harte Arbeit! Die für Extremfälle benötigte Gelassenheit muss authentisch und ehrlich sein. Vorgetäuschte Gelassenheit würde in Fällen der Eskalation als provokant interpretiert werden und die Streitsituation noch zusätzlich verschärfen! In diesem Fall würde der Schuss nach hinten losgehen!

Wenn sie also das nächste Mal das Gefühl haben, dass man an ihnen zweifelt, oder sie ungerechtfertigter Weise kritisiert werden, denken sie daran, dass es ausschließlich an ihnen liegt wie sie damit umgehen!

Wer kennt ihre Einstellung besser als sie selbst? Und wer kann mehr an sich glauben, als sie selbst? Sobald sie wissen wer sie sind, und wohin sie wollen, haben Moralprediger und Zweifler keine Chance, sie von ihrem Weg abzubringen.

Denn so sagt Sun Tsu:

„Kennst Du Dich und deinen Gegner sehr gut,
brauchst du dich vor dem Ausgang einer Schlacht nicht zu fürchten.

Kennst Du Dich, deinen Gegner allerdings nicht,
wirst du für jeden Sieg eine Niederlage erleiden.

Kennst Du weder dich, noch deinen Gegner,
wirst du in jeder Schlacht unterliegen.“ [88]

Legen sie diese Zeilen eines erfahrenen und weisen Kriegsstrategen auf ihr Leben um. Wenn sie sich gut kennen und wissen wohin sie wollen, sie auch noch auf ihre Stärken vertrauen und an sich glauben, wird keine Herausforderung im Leben für sie unlösbar sein! Sie werden immer siegen, und das oft **ohne dafür kämpfen zu müssen**, da der Kampf bereits entschieden ist bevor er noch begonnen hat!

Verzichten sie auf Ratgeber, die mit ihrem eigenen Leben nicht klarkommen und ihnen sagen wer sie sind und was sie tun sollen. Meiden sie Menschen mit negativen Gedanken. Außer diesen Menschen durch ihr Verhalten den Beweis zu geben, dass eine positive Lebenseinstellung glücklich macht, können sie nichts tun. Sie müssen niemanden bekehren oder überzeugen. „Denn, jene die nicht glauben wollen, kann man nicht überzeugen, jene die bereits glauben, braucht man nicht zu überzeugen.“ [89]

Wenn sich jemand für den Weg des Leidens entschieden hat, lassen sie ihn diesen gehen. Wenn er sie allerdings um Hilfe bittet, helfen sie so gut sie können!

Aber lassen sie sich niemals von sogenannten Pessimisten beeinflussen. Begrenzte Denkweisen bedeuten ein begrenztes Leben, und wenn sie einmal „den Weg des Unmöglichen“ [41] eingeschlagen haben, gibt es keinen Platz mehr für gedankliche Barrieren.

„Der einzige Mist auf dem nichts wächst, ist der Pessimist.“ [90]

Denken sie das nächste Mal an diesen Ausspruch, wenn sie von negativen Beeinflussern umzingelt werden, es liegt an ihnen wie viel Platz sie ihnen in ihrem Leben einräumen!

Die folgenden Zeilen stammen aus einem arabischen Sprichwort. Einer meiner Mentoren übersandte sie mir in einem Weihnachtsmail. Ich setze diese Zeilen sehr sorgfältig und ausschließlich für mich ein, ich selektiere mit wem ich mich umgeben möchte, effizient und punktgenau.

„Es gibt vier Arten von Menschen:

Jene, die eigentlich nicht wissen, dass sie nichts wissen
… lass sie stehen!

die wissen, dass sie nichts wissen
… hilf ihnen!

die noch nicht wissen, dass sie doch wissen
… hör ihnen zu!

die wissen, dass sie wissen
… folge ihnen!“ [91]

Sollte es ihnen manchmal auch so ergehen wie mir, dass sie zwischen eins und drei unschlüssig sind, entscheiden sie sich im Zweifelsfall immer für drei und hören sie zu. Ihr Gefühl gibt ihnen die richtigen Signale und sie werden sehr schnell herausfinden ob es sich um jene handelt, die wissen, dass sie nichts wissen oder um die, die noch nicht wissen, dass sie doch wissen.

Gelegenheiten sind immer und überall

Ok, let's go for a coffee Irena! Mit diesen Worten habe ich die Frage meiner Trainingskollegin bestätigt, ob ich ihr mein Lieblingskaffee in Soho zeigen möchte und wir machten uns sogleich auf den Weg.
Irena ist gebürtige Ungarin und lebt seit mittlerweile zehn Jahren in New York. Sie hat hier studiert und arbeitet gelegentlich für Menschenrechtsorganisationen und möchte sich nebenbei mit einem internationalen Lebensmittelhandel selbständig machen. Auch sie wurde vom Spirit des Shaolintempels mit seiner „offenen" Philosophie förmlich angezogen.

Weißt du, eigentlich wollte ich heute gar nicht ins Training" sagt sie.
Als ich heute Morgen aufwachte, dachte ich mir „dreh' dich wieder auf die Seite und schlaf' einfach weiter".
Dieses Gefühl kenne ich nur zu gut, und bestätigte es mit einem Kopfnicken.
Ohne Training, hätte ich heute nicht dieses sehr interessante Gespräch mit Galo (ein weiterer Trainingskollege aus Argentinien) geführt, und würde jetzt nicht mit dir hier bei einem der besten Sandwiches und einem tollen Kaffee sitzen. Ich bin froh, dass ich mich doch noch aufgerafft habe.
Auch diesen Satz beantwortete ich nur mit einem Lächeln.
„Ein kleines Ziel pro Tag, bringt dich in Bewegung und eröffnet dir viele wunderbare Optionen."
„Manchmal ist es sehr schwierig sich hier aufzuraffen, obwohl ich das Leben in New York sehr mag, besonders die vielen spontanen Gelegenheiten, die diese Stadt zu bieten hat". Leider verliert man sich allerdings auch sehr oft in ihnen und jagt so von einer zur nächsten. Ein anderes Mal wiederum, lässt man sich einfach nur mittreiben und verliert so den Drive."
Innerlich verstehe ich diesen Satz. Äußerlich muss ich mich zurückhalten und meine Emotionen zügeln um nicht mit Europa-USA Vergleichen zu beginnen.

So genießen wir dieses Geschenk, welches wir uns durch unser Aufraffen redlich verdient haben und zelebrieren diese europäische Kaffee-Zeremonie in Soho NY bei einem typisch amerikanisch-italienischen Espresso und einem anschließenden Prosecco. „Egészségedre"

Relax and take it easy

Eine der wichtigsten Lektionen für mich auf dieser Reise ist anscheinend jene, Dinge dem Zufall zu überlassen und sich im Fluss des Lebens mittreiben zu lassen. Das ist im „normalen" Leben oft nicht so einfach. Speziell wenn man sogenannten familiären und beruflichen Verpflichtungen unterliegt. Allerdings muss ich auch zugeben, dass diese „Spontan-Mentalität" auch sehr oft dazu anregt sich zurückzulehnen und einfach auf den nächsten Push zu warten, der in Form der nächsten Gelegenheit auftaucht. Dies birgt auch die Gefahr in sich, dass das eigene Leben manchmal sogar ins Stocken oder zum Stillstand kommt. Das kann sich dann auch in Form von „Depressionen" zeigen. Es wird einfach keine Aufgabe oder kein Sinn mehr im Leben gesehen!

Ich für meinen Teil muss ja zugeben, dass ich ein sehr strukturierter Mensch bin und mich diese Lebensweise herausfordert. Oft muss ich mich sogar etwas einbremsen, um nicht in die sich innerhalb von Minuten ändernden Pläne meines Freundes Càì einzugreifen. Er lehrt mich, trotz seines jungen Alters eine Lebensweise, die ich beinahe schon vergessen hatte: SPONTANITÄT!

So auch einen Tag nach der sehr interessanten Unterhaltung mit Irena.

Endlich Schnee, aktuelle Temperatur 23 Grad Fahrenheit. Egal wie viele Grade in Celsius, auf jeden Fall sehr kalt, brrrrr!

Mein Plan:
Den Bus für das Training um 4:20 h nachmittags zu erwischen. Um 3:45 h verlassen wir das Haus. Für meinen strukturierten und organisierten Geschmack um mindestens 15 Minuten zu spät. Ich muss an dieser Stelle erwähnen, dass die Fahrt bis zur Bushaltestelle und der Ticketkauf ca. 30 Min. beanspruchen. „Don't worry! Das geht sich locker aus! But if you don't mind, I have to go to the bank first and cash my cheque!

Ich bin Passagier und kann ihm und dem Prinzip des Wu Wei (nicht eingreifen) einfach nur vertrauen.
"Shit, the lock of my door is frozen." Und der Schlüssel für die elektronische Türöffnung ist seit Wochen unauffindbar. Sofort habe ich einen Plan parat. Ich nehme ihm den Schlüssel ab, sprinte zurück ins Haus, drehe den Gasherd auf und halte ihn solange über die Flamme bis er glühend heiß ist. Da höre ich schon die befreienden Worte, „I got it!" und bin froh, dass sich der Enteisungsspray im Kofferraum befunden hat, welcher offen war! Mit fünf Minuten Verspätung geht's dann endlich los.

Ich erwähne kurz meine Verwunderung, dass man hier einfach so, bei einer Drive Thru Bank mal 4000 Dollar einlösen kann, welche sich sogleich bestätigt, als man ihn über die Gegensprechanlage in den Schalterraum bittet.
4:20h? NO WAY! Das geht sich niemals aus!

Im selben Moment bleibt ein Bus einer anderen Buslinie keine zwanzig Meter vor uns stehen und Cài sagt mir so nebenbei, „Oh, den hatte ich völlig vergessen, das ist der 4:00h Bus, den hättest du auch nehmen können. „Hättest", denn in dem Moment wo ich versuche die soeben erhaltene Informationen mit meinem Verstand zu verarbeiten, sehe ich den Bus auch schon wieder abfahren!

Don't worry es geht sich auch noch der 4:50h Bus aus.
Ich werde etwas unruhig, da ich weiß, dass durch die Rush Hour in New York oft Verspätungen auftreten, und zu spät kommen möchte ich auf gar keinen Fall!
Als ich kurz nochmal durchchecke, ob alles mit dabei ist, was ich in der Stadt brauche, bemerke ich, dass ich mein U-Bahn Ticket vergessen habe! Was wieder mindestens fünf Minuten mehr Zeit in Anspruch nehmen wird, um sich in der Reihe anzustellen und eines zu kaufen.

Die Unterschrift des einzulösenden Schecks ist seit gestern ungültig und das verzögert die Sache nochmals.
In diesem Moment, halte ich kurz inne und bemerke diesen unruhigen Gemütszustand, welcher mich in eine schlechte und teils aggressive Stimmung versetzt. OK, irgendetwas sagt mir, dass ich heute nicht in die Stadt soll, More Chi hin oder her! Jetzt könnte mir nur mehr ein Hubschrauber helfen um pünktlich am Broadway zu erscheinen. Und den hab ich mir nicht gewünscht!

Um diese Geschichte abzuschließen, möchte ich erwähnen, dass wir hervorragend Abendessen waren, ich in einer Shopping Mall unerwarteter Weise zwei weitere Weihnachtsgeschenke ergattern konnte und Alles-in-Allem es ein wunderbarer, allerdings vollkommen anderer Tag war, als ich ihn im Voraus geplant hatte!

© Joe Wolf 2011 Streets of NY

Zielorientiertheit vs. WU WEI [92]
(Das Prinzip des Nichthandelns, bzw. Nichteingreifens)

Würde man diese beiden Begriffe nach dem chinesischen Dualsystem Yin/Yang betrachten, kann man sagen, dass es sich dabei um zwei vollkommen gegensätzliche Einstellungen handelt. Und doch kommen sie beide nicht ohne einander aus. Die Kunst ein harmonisches Gleichgewicht herzustellen, liegt im Ausbalancieren von „willkürlich schaffen wollen" und „unwillkürlich zulassen"!

Ich möchte ihnen nachfolgend einen kurzen Überblick dieser beiden Lebensprinzipien geben, die man auch als „strukturiert, analysierend", und „emotional, intuitiv" bezeichnen könnte. Unabhängig davon, zu welcher der beiden sie sich näher zuordnen würden, möchte ich sie daran erinnern, dass es auch hier eines Gleichgewichtes bedarf, um das Leben in „Bewegung" zu halten. Ebenso möchte ich darauf hinweisen, dass diese beiden hier isoliert angeführten Begriffe immer auch Teile des Gegensatzes enthalten (d.h. dass ein strukturiert denkender Mensch ebenso die Fähigkeit des intuitiven Handelns in sich trägt und umgekehrt). Manchmal bedarf es einfach nur eines winzigen Anstoßes zur Änderung der Einstellung, um bereits todgeglaubte Fähigkeiten wieder zum Leben zu erwecken. Nur weil ihnen jemand im Kindergartenalter gesagt hat, dass sie nicht singen können, heißt das noch lange nicht, dass sie es nicht können. Sie können alles was sie wollen! Erinnern sie sich? Also, lassen sie sich nicht verunsichern oder beeinflussen, seien sie sich allerdings auch der Tatsache bewusst, dass unser (wissenschaftlich erklärbares) Wissen in ihrem Leben den Stellenwert erlangt, den sie ihm geben. Nur weil sie nichts über Quantenphysik wissen, heißt das noch lange nicht, dass sie nicht intelligent sind. Denn: „Was interessiert, wird auch registriert!" [93]
Balance yourself!

Zielorientiertheit

Haben sie Ziele? Würden sie sich als zielorientiert bezeichnen? Sind ihre Ziele SMART? Dieser Begriff stammt aus dem Projektmanagement und dient als Kriterium zur eindeutigen Definition von Zielen im Rahmen einer Zielvereinbarung. Mit einigen kleinen Adaptionen könnte man diese

Formel auch für persönliche Ziele heranziehen. Die Abkürzung steht für Specific, Measurable, Achievable (oder Accepted), Realistic and Timely und kann wie folgt übersetzt werden:

S	Spezifisch Ziele müssen eindeutig definiert sein (nicht vage, sondern so präzise wie möglich).
M	Messbar Ziele müssen messbar sein (Messbarkeitskriterien).
A	Akzeptierte Ziele müssen von den Empfängern akzeptiert werden/sein (auch: angemessen, attraktiv oder anspruchsvoll) (Anm.: in unserem speziellen Fall, müssen sie von ihnen akzeptiert werden)
R	Realisierbar. Ziele müssen erreichbar sein.
T	Terminisierbar. Zu jedem Ziel gehört eine klare Terminvorgabe, bis wann das Ziel erreicht sein muss. [94]

Diese Form der Zieldefinition könnte man auch als analytisch, strukturiert, logisch, rational oder einfach nur organisiert bezeichnen. All diese Denkaufgaben übernimmt unsere linke Gehirnhälfte. Ebenso hilft uns diese dabei unsere Ziele, w.o. erwähnt, so zu setzen, dass sie für uns auch erreichbar und somit realisierbar sind. Und das ist auch der springende Punkt!

Wenn realisierbar, dann sollten SIE ihre eigenen Ziele für sich bestimmen und diese nicht von jemand anderem bestimmen lassen. Auch nicht durch irgendwelche Vorgaben wie, das geht nicht, niemals, dafür benötigt man …

Es werden viele Ziele gesetzt und niemals erreicht. Ebenso wurden von Experten als „nicht realisierbar" definierte Ziele dann doch umgesetzt. Ich möchte hier auf einen der bekanntesten Alpin-Ski-Rennläufer (genannt der „Herminator") hinweisen, welcher von seinen Ärzten nach einem schweren Motorradunfall als höchstes, realisierbares Ziel das „normale" Gehen festgelegt bekam. Er selbst hat dieses noch weit übertroffen und nach seinem unglaublichen Comeback sogar noch mehrere Medaillen gewinnen können.

Ziele im Leben zu haben ist wichtig, sie geben uns den Startschuss auf unserem Weg, erinnern sie sich? Je genauer wir im Voraus berechnen können wie steil, kurvig oder steinig dieser sein wird, desto genauer können wir unser Tempo festlegen und somit besser mit unserer Energie haushalten.

Leider kann man sich auch bei diesen Zielsetzungen sehr oft im „Setzen" der Ziele verlieren und vergisst durch das viele Theoretisieren und Berechnen dabei, dass man sich auch bewegen muss, um ans Ziel zu gelangen. Anders gesagt, wer zu viel grübelt, analysiert und nachdenkt, wird zu wenig Aufmerksamkeit auf das „TUN" lenken und sich wenn überhaupt nur langsam seinem Ziel nähern. So ist es sowohl „sinnlos über ein Ziel hinauszuschießen als auch jenes niemals zu erreichen!" [95]

WU WEI [92]

Dieser chinesische, aus dem Taoismus stammende Begriff kann mit „Handeln durch Nichteingreifen" bezeichnet werden. Nicht zu verwechseln mit dem vollkommenen Nichtstun. Als Nichthandeln wird hier das intuitive Eingreifen in das Wirkungsprinzip der Elemente bezeichnet. Sich im vollkommenen Einklang mit der Natur und dem Leben zu befinden, ohne dabei überhastete Taten zu setzen.
Dieses Prinzip ist in jedem meiner Seminare wiederzufinden und stößt bei den Teilnehmern oftmals auf Interesse. Da es z.B. bei Konfliktsituationen immer eine friedvolle Lösung durch Zurückhaltung anstrebt, wird es allerdings auch sehr oft missverstanden. „Nichteingreifen", speziell bei schnell zu treffenden und oftmals mit starken Emotionen verbundenen Entscheidungen, ist dann doch etwas für Asiaten und nicht so für uns. „Das funktioniert halt nur in China" höre ich dann sehr oft. „In unserer schnelllebigen Zeit kann man dieses Prinzip nicht anwenden."
Bei solchen Aussagen kann ich das Gesagte nur bestätigen und abermals darauf hinweisen: Kann man nicht! = will man nicht!
Der Umstand für „konfliktfreie" Lösungen, „Nichts" tun zu müssen, führt sehr oft zu Missverständnissen. Nichts-Tun, bzw. Nicht-Eingreifen kann in Situationen in denen Affekthandlungen von ihrem Gegenüber provoziert werden, sehr harte Arbeit (Kung Fu) bedeuten. In Zeiten des Sturms und Aufruhrs ruhig und gelassen zu bleiben, bedarf einer guten und langjährigen Vorbereitung. Hier nach dem Prinzip des Wu Wei zu handeln, bedeutet in sich und auf den Lauf der Dinge zu vertrauen.

Aquaplaning

Sie fahren mit ihrem Auto (mit Schaltgetriebe) bei regennasser Fahrbahn mit einer Geschwindigkeit von 120km/h. Plötzlich bemerken sie, dass der Motor aufheult und sich ihre Lenkung vollkommen widerstandsfrei nach links und rechts bewegen lässt. Sie befinden sich in einer ausgefahrenen LKW Spur und bemerken, dass sie aufschwimmen, also „Aquaplaning" haben.
Am naheliegendsten wäre es, diese Spurrillen sofort zu verlassen, um wieder die Kontrolle über ihr Fahrzeug zu erlangen.

Sofern sie es nicht schon wissen, sollten sie, auch wenn ihnen noch so danach ist, NICHTS TUN, außer auszukuppeln und abzuwarten. Also, das Prinzip des WU WEI anwenden. Die Geschwindigkeit wird sich von selber reduzieren, ihr Fahrzeug wird wieder Bodenhaftung erlangen. Danach können sie wieder aktiv ins Geschehen eingreifen und die Spur gefahrenfrei verlassen.

Sollten sie aus einem Reflex heraus handeln wollen, bremsen und/oder ein Lenkmanöver starten, empfehle ich ihnen einen Fahrtechnikkurs. Dort werden sie dann sehen, was passiert, wenn sie das Prinzip des WU WEI überlisten möchten (Anm.: Dies bitte allerdings NUR in einem Fahrtechnikkurs, da Brems- und Lenkmanöver während des Aquaplanings fatale Folgen haben können!)
Viel Spaß dabei!

Welchen Einfluss hat WU WEI auf meine persönlichen Zielsetzungen, sofern ich nach diesem Prinzip überhaupt welche habe?
Wie viel Platz sie diesem Lebensprinzip einräumen möchten, liegt wie so oft einzig und allein bei ihnen. Ich persönlich gebe in meinen Seminaren immer folgenden Vergleich:
Betrachtet man die Zielorientiertheit als unsere westliche Notfalls Medizin, ist diese ein Resultat der Forschung und Erfahrung der letzten zweihundert Jahre. Somit ein Geschenk, dass wir Menschen uns durch das Einwirken unseres Verstandes selbst gemacht haben. Dieses sollten wir speziell in Notfällen annehmen!

Im Gegenzug dazu könnte man WU WEI mehr als eine alternative Behandlungsmethode bezeichnen, welche ihre stärkste Wirkungskraft in der Vorbeugung, also in der Prävention hat. Wende ich dieses Prinzip so oft wie möglich an, werde ich nur selten oder niemals krank. Allerdings erfordert dieser Prozess sehr viel Zeit und Selbstdisziplin! Gesunde Ernährung, ausgewogene Bewegung, genügend Schlaf, und ein möglichst stressfreies Leben.

Wer sich dem Prinzip des WU WEI verschreibt, sollte sich darüber im Klaren sein, dass der von Sun Tsu stammende Begriff des „kampflosen Siegens" mit einem ungeheuren Aufwand verbunden ist, der sehr viel auf den Tugenden Respekt (Selbstrespekt), und Disziplin (Selbstdisziplin) beruht. Erst wenn diese Denkweise nicht nur verstanden, sondern auch verinnerlicht werden kann, ist eine Lebensweise nach dem Prinzip des WU WEI möglich.

Ich beende das Kapitel mit einer Metapher zu diesem Thema und wünsche ihnen Gelassenheit und Ruhe bei ihrer nächsten bevorstehenden Entscheidung die es zu treffen gilt. Mögen sie dieser mit der Weisheit von Laotse, und der Gelassenheit von Buddha mutig entgegentreten!
Shie Shie (Danke)!

Der Strom

Der Strom hat einen nur scheinbar vorgegebenen Weg, den wir durch unsere Kurzlebigkeit nicht erkennen können.
Über tausende von Jahren bahnt er sich seinen Weg durch Berge und Täler.
Kein Hindernis ist unüberwindbar.
Selbst der härteste und raueste Stein wird durch seine Weichheit und Beständigkeit glattgeschliffen.
Immer wird er den direkten Weg zu seinem endgültigen Ziel, dem Meer, suchen.
Seinem Rauschen kannst du die Geheimnisse von Geduld, Gelassenheit und dennoch unbändiger Kraft entnehmen.
Er lehrt uns, dass jedes Schwimmen gegen ihn, sinnlose Kraftvergeudung ist.

Jedoch wird es zu einer wunderbaren und unvergesslichen Reise, wenn wir seinem Fluss folgen.
Einmal geraten wir in Stromschnellen, in denen wir das Gefühl haben ertrinken zu müssen.
Ein anderes Mal trägt uns seine sanfte Strömung in der wir uns wieder erholen.

Lasse dem Strom seinen natürlichen Lauf, so kannst du dem Plätschern seiner Wellen folgendes entnehmen:

„Folge dem Strom, er ist dein Fluss des Lebens!“ [96]

Zusammenfassend kann man sagen, dass sie es ihren Gefühlen überlassen sollten, welchem dieser beiden Prinzipien sie mehr Aufmerksamkeit schenken wollen. Manchmal gibt ihnen das Leben genügend Zeichen im Vorfeld. Wenn sie dennoch der Meinung sind, ihrem Ziel hartnäckig treu zu bleiben, dann tun sie es. Achten sie allerdings auf ihre Emotionen. Sie sind der wichtigste Indikator. Und sollten diese in einen negativen Gemütszustand umschlagen, haben sie es in der Hand, den Dingen wieder freien Lauf zu lassen und „ausnahmsweise“ einmal den Weg des zielorientierten Handelns, wenn auch nur für kurze Zeit, zu verlassen. Denken sie daran, dass sie ihre Ziele niemals für andere erreichen müssen. Oft trifft man auf Hindernisse, die einfach einen Umweg erfordern. Nehmen sie diesen an und freuen sich über die Richtungsänderung. Denn, Wasser sucht sich ebenso immer den Weg des geringsten Widerstandes und überwindet so, früher oder später jedes Hindernis.

So wie angeblich alle Wege nach Rom führen, sollten sie neben vielen kleinen Zielen ein großes und übergeordnetes haben, nämlich:

„Glücklich zu sein!“ [97]

Denken sie darüber nach!

One last time!

Es ist schon ein eigenartiges Gefühl das letzte Mal auf dieser Reise die Treppen hochzusteigen, den muffeligen Duft des Treppenhauses im Shaolintempel am Broadway noch einmal einzuatmen.

Ein letztes Training mit meinen mir mittlerweile ans Herz gewachsenen Freunden zu absolvieren.

Auf der einen Seite ist es sehr befreiend. Es bedeutet für mich persönlich, dass ich die Ziellinie siegreich überschritten habe. Andererseits blicke ich mit etwas Wehmut in die Zukunft, da mir diese Regelmäßigkeit und Routine fehlen wird. Aber so ist das nun mal bei mittelfristigen Zielen, deren Ziel es ja sein sollte sie auch zu erreichen. Das Schöne daran ist, dass sich allein durch diesen einen Traum weitere Träume und Ziele offenbart haben. Rückblickend betrachtet sind alle Anstrengungen und Mühen vergessen. Zurück bleiben neue Freundschaften und viele wunderbare Erinnerungen.

Ein letztes Fotoshooting, Händeschütteln und einige verschwitzte, vom Herzen kommende Umarmungen geben mir das Gefühl der vollkommenen Zufriedenheit. Jetzt geht's ab in den wohlverdienen Urlaub nach Atlantic City. Can't wait!

© Joe Wolf 2011 Amituofo Sifu, Amituofo everyone!

Genieße das Gefühl der „Zufriedenheit“

Aus meiner aktiven Wettkampfphase habe ich eine Erfahrung mitgenommen, die mich bis heute begleitet. Man kann sie sowohl im Privat- und Berufsleben, als auch in der Wirtschaft wiederfinden.
Die meisten der Finalkämpfe haben immer am Wochenende stattgefunden. Viele Wettkämpfer befanden sich bis dorthin bereits mehrere Tage am Veranstaltungsort. So kam es auch, dass bei so mancher Siegerehrung der eine oder andere Platz auf dem Podest freigeblieben ist. Früher abgereist, wegen …
Ich persönlich war von diesem Verhalten verwundert, da ich es am eigenen Leib verspürt hatte, wie viele Mühen man auf sich nehmen musste um erst einmal dort oben zu stehen. Wieso auch nicht den Moment des „Triumphes“ in vollen Stücken genießen?
Nicht nur bei sportlichen Großveranstaltungen reisen manche Protagonisten bereits verfrüht ab, da sie bereits zum nächsten Turnier müssen und ihr Flieger schon wartet. Oft wird auch in der Wirtschaft dem Erreichen von Zielen (unabhängig ihrer Größe) zu wenig Aufmerksamkeit geschenkt, da die Mitarbeiter bereits am nächsten Projekt beschäftigt sind.
Ich komme immer wieder auf das chinesische YIN/YANG System zurück und erwähne, dass das „Feiern“, bzw. sich „feiern lassen“ immer in Balance mit dem Weg, unabhängig von seiner Länge oder Schwierigkeit, stehen sollte, der auf sich genommen werden musste, um schlussendlich ans Ziel zu gelangen! Oft wird der Zielerreichung im Nachhinein zu wenig Bedeutung beigemessen. „Na, so schwierig war es ja dann doch nicht!“ Diese Aussage limitiert und setzt die gebrachte Leistung herab.

Wenn sie ein Ziel hatten und ich spreche nicht davon, wie sie es erreicht haben, haben sie es auch verdient sich selbst zu loben. Ich bin mit Aussagen wie: „Selbstlob stinkt“ aufgewachsen. Bis zu einem gewissen Grad gebe ich dem unbekannten Verfasser auch Recht. Allerdings bewirkt ein Zuviel an „Bescheidenheit“ eine Herabsetzung ihres Selbstvertrauens. Loben sie sich und feiern sie auch noch so kleine Ziele. Feiern sie das Erreichen kleiner Ziele mit kleinen Feiern, im gleichen Stil, wie Siegesfeiern bei Groß Events mit Glanz und Glamour zelebriert werden!

„Betrachten wir es nach den Prinzipien der Kampfkunst,“ [55] sollten sie ja auch „strong finishen“, remember? Also, feiern sie auch ihre Erfolge, das haben sie sich verdient!

Atlantic City

Was für die US Amerikaner an der Westküste Las Vegas ist, ist für die Ostküstenbewohner Atlantic City,
Alle Münzen die sich im Laufe meiner Reise angesammelt haben (und das ist eine ganze Menge), habe ich in meinen Rucksack gepackt. Ich bin froh, dass wir direkt bis vor den Hoteleingang gefahren sind und ich meinen „tonnenschweren“ Rucksack nur einige Schritte tragen musste.
Umso grösser war die Enttäuschung als ich feststellen musste, dass diese rasselnden Slotmachines gegen jene eingetauscht wurden, die nur Banknoten nehmen und Credits nur mehr in elektronischer Form auszahlen. Ok, ich muss auch eingestehen, dass seit meinem letzten USA Aufenthalt auch schon einige Jahre vergangen sind.
Da ich mich als vollkommen passionslosen Spieler bezeichnen kann, bin ich umso mehr von den Versuchungen fasziniert, welche dieses Spielcasino bietet.
An jeder Ecke gibt es eine Möglichkeit, zu spielen oder zu wetten. Sehr interessant finde ich auch den Umstand, dass sich die „richtigen“ Gambler vom Fußvolk der einarmigen Banditen- Spieler, optisch gar nicht allzuviel unterscheiden. Vom sportlichen Outfit bis hin zum Business Look ist alles vertreten. Und sobald man sich zum „Geldvermehren“ an einen Tisch oder Automaten gesetzt hat, gibt's als Draufgabe auch noch „Drinks for Free.“

Ich genieße dieses tolle Ambiente und erhole mich im hauseigenen Spa Bereich der, wie man sich vorstellen kann, überdimensional und sehr luxuriös gestaltet ist, von den Anstrengungen der letzten Wochen.
Bobby Flay ist hier anscheinend ein Begriff mit Bekanntheitsgrad und steht für hochqualitative Steaks. Zumindest vertraue ich mal der Speisekarte, welche mich dezent darauf hinweist, vielleicht doch mal an einen Black Jack Tisch zu gehen und etwas Geld zu gewinnen.
Nachdem mir dieses typisch amerikanische Mahl in meiner Gourmetsammlung noch fehlt, scheue ich heute keine Kosten und freue mich schon auf den Besuch im hoteleigenen Restaurant und auf ein medium rare Steak.

Die letzten neun Wochen habe ich gefastet, mich überwunden und hart an mir gearbeitet, da sind 105 Dollar eine meiner Meinung nach gerechtfertigte Belohnung. Schließlich habe ich ja mein vorangegangenes Kapitel auch dem „Erfolge feiern" gewidmet.

Bei Rotwein und Steak reflektiere ich mit meinem Freund die vergangenen Wochen, welche, wie so oft im Nachhinein betrachtet, anscheinend wie im Nu verfolgen sind. „I hate that sh..!" und damit hat er auf die kurze Zeit hingewiesen, die ich noch bei ihm verweile!

Ich interpretiere diesen Satz so, dass er die vergangenen Wochen, so wie ich auch, als „außergewöhnlich" empfand und ihn das nahende Ende unserer gemeinsamen Tage nicht erfreut.
Allerdings kann und will ich den leichtfertigen Umgang mit dem Wort „hate" (hassen) nicht gerade gutheißen. Für meinen Geschmack höre ich es viel zu oft.

Ob es die Verspätung in der U-Bahn ist, das Regenwetter oder ein Mobiltelefon, dessen Akku leer geworden ist. Anscheinend geht ein „Ich hasse diese …" leichter über die Lippen als „Ich liebe es".
„Sagt man das in eurer Sprache etwa nicht?" Und ob, allerdings ist es mir anscheinend nicht mehr so aufgefallen, vielleicht habe ich mich schon daran gewöhnt.

Für mich haben Worte eine ganz besondere Bedeutung. Sie bringen meinen Charakter zum Ausdruck und bestimmen somit mein Leben. Der Umgang mit speziell diesem Wort, dessen Gegenspieler für mich das Wort „lieben" wäre, bringt mich auch zu meinem nächsten Thema: „Achte auf deine Worte"!
Deshalb sollten sie ihre Worte mit Bedacht wählen, denn „die Sprache ist es auch, die als Quelle aller Missverständnisse bezeichnet wird." [98]

Wähle deine Worte mit Bedacht!

„Achte auf Deine Gedanken, denn sie werden Worte.
Achte auf Deine Worte, denn sie werden Handlungen.
Achte auf Deine Handlungen, denn sie werden Gewohnheiten.
Achte auf Deine Gewohnheiten, denn sie werden Dein Charakter.
Achte auf Deinen Charakter, denn er wird Dein Schicksal.“ [99]

Ich denke, dass diese Zeilen für sich sprechen und auch keiner weiteren Erklärung bedürfen. Alles was sie mit Worten zum Ausdruck bringen, wird vorab in ihren Gedanken geformt. Diese wiederum sind sehr stark von ihrem aktuellen Gemütszustand abhängig. Fühlen sie sich wohl, glücklich und zufrieden, werden sie sich auch einer demensprechenden Ausdrucksweise bedienen.

„Ist das nicht ein wunderbarer Sommertag, ich fühle mich super, ich wünschte mir, er würde ewig dauern.“

Natürlich verhält es sich andersrum genauso. Fühlen sie sich schlecht, sind vielleicht noch dazu krank, werden sie eher in eine depressive Stimmung verfallen.

„Ich fühle mich heute richtig elend! Kann mich zu nichts aufraffen, hoffentlich geht dieser Tag schnell vorüber.“

Somit kommen wir wieder zurück zu ihrer Einstellung. Ihren Gedanken.
Ja, aber wie soll ich mich denn einer positiven Wortwahl bedienen, wenn ich mich nun mal schlecht fühle? Das ist ja auch genau der Haken an der Sache.
Halten sie sich an die im Talmud erwähnten Abfolgen und gehen sehr diszipliniert mit ihren Gedanken und Worten um, wird sich ihr Umfeld in ein positives verändern, welches ihnen aus ihrem Tief heraushilft.

Es ist in etwa vergleichbar mit einem Bankkonto. Legen sie ein Depot an. Zahlen sie Frohsinn, gute Laune und Lebenslust darauf ein. So können sie in Tagen an denen es mal nicht so rosig aussieht, auf diese Rücklagen zugreifen. Mit einer positiven Lebenseinstellung ziehen sie Gleichgesinnte an. Dieses Umfeld bringt sie auch wieder schneller aus ihrem Tief heraus.

Ebenso verhält es sich leider auch umgekehrt. Pessimisten, die acht Uhr Nachrichten und Menschen, die sich leichter fühlen, wenn sie ihr Leid mit ihnen teilen können, formen ebenso ein Umfeld, dass sie unterstützt. Allerdings im Minus-Grade-Bereich ihres Gefühlsbarometers.

Es ist ihre Entscheidung, ihr freier Wille, der entweder die Sonne scheinen lässt oder ihnen emotionale Frostbeulen verursachen kann.

Den nachfolgenden Ausspruch habe ich in einer Schule entdeckt, in welcher ich vor längerer Zeit unterrichtet habe. Ich benutze ihn seitdem in meiner Formel Warten, Atmen, DENKEN. Seien sie sich in jeder Minute bewusst, was sie von sich geben, denn …

„Es gibt 4 Dinge, die wir nicht mehr zurückholen können:

… Der Stein
… nachdem er geworfen wurde
… Das Wort
… nachdem es ausgesprochen wurde
… Die Gelegenheit
… die nicht ergriffen wurde
… Die Zeit
… weil sie vorbeigeht“ [100]

Akzeptanz mit Einschränkungen

Das Speed Limit auf der Interstate beträgt 65 Meilen, das sind ca. 104 km/h. Würde (die Betonung liegt hier bitte auf „würde“) sich mein Freund an das vorgegebene Speed Limit halten, welches allerdings unter der Würde des mit 320 PS versehenen Ford Mustang liegt, benötigten wir knapp drei Stunden bis nach Hause.
Dank des Radar Detektors, welcher in den Bundesstaaten New Jersey und New York legal ist, beträgt unser Speed je nach Verkehrsdichte zwischen 90 und 100 Meilen pro Stunde.

Ebenso verwunderlich finde ich es auch, dass nur sehr wenige Autofahrer langsamer als achtzig Meilen fahren und ich hinterfrage die Sinnhaftigkeit einer Geschwindigkeitsbegrenzung, an die sich hier niemand zu halten scheint. Die Antwort ist sehr kryptisch und um ehrlich zu sein, habe ich sie auch nicht wirklich verstanden: Die Speed Limits kommen noch aus der Zeit der Ölkrise, als man die Autofahrer zum sparsameren Fahren anregen musste! Es gibt sie. Die wenigsten halten sich daran. Dieser Eindruck von Doppelmoral hat mich in diesem Land schon des Öfteren verwundert. Tja, andere Länder, andere Sitten (remember?). Abgesehen davon kennen die US-Amerikaner ihre Rechte und der Umgang mit dem „Speeding" (Schnellfahren) wird bei der jüngeren Generation eher als Kavaliersdelikt angesehen.

Was allerdings eine solch lange Autofahrt mit sich bringt, sind Gespräche. Da wir beide sehr an asiatischen Kampfkünsten interessiert sind, bilde ich eine Brücke vom Thema Speeding, bzw. das Respektieren von Regeln, zum Thema BUSHIDO (dem Weg des Kriegers, Ehrenkodex der Samurai).
Wie die meisten Schüler, die bereits mit den verschiedenen traditionellen Ritualen in Berührung gekommen sind, hat auch Cài seinen eigenen Zugang zu diesem Thema. Die Rituale des Grüßens oder Bedankens entspringen den Tugenden von Höflichkeit und Respekt. Diese werden auch anstandslos und ohne Widerspruch angenommen. Allerdings ist das nur die Oberfläche. Bushido ist für jemanden, der zumindest mehr darüber weiß als, dass dies der Name eines deutschen Rappers ist, eine Lebenseinstellung. Der Kaste, der „wahren Krieger". Hier muss man einen großen Unterschied machen, ob diese Einstellung verstanden und/oder auch respektiert wird.

Das Thema des Sepukku (Anm.: Ritueller Selbstmord, auch Harakiri - siehe S. 105) führt bei meinem Freund ebenso auf unverständliches Kopfnicken wie vielleicht auch gerade bei ihnen. Niemand kann allerdings die Umstände eines Samurais nachvollziehen, der bereits im Kleinkindalter keinen größeren Wunsch hatte, als eines Tages ein treu ergebener Diener seines Lehnsherren zu werden. Ihm sein Leben anzuvertrauen und jeden Augenblick seines Lebens bereit zu sein, es für seinen Fürsten auch opfern zu dürfen, ist ein Gedankengang, der für uns nicht damit abgetan ist, wenn wir ein paar Sätze darüber lesen. Dieses Thema bringt uns von den Kamikaze-Piloten und Pearl Harbour zu einem, für Amerikaner sehr heiklen weiteren Thema: 9/11. Dieser Tag hat ja bekanntlich nicht nur die USA schockiert. Auch ich kann mich an diesen Tag noch sehr genau erinnern. Cài erzählt mir, dass die Staubwolke von der in dem Kapitel „Der Blickwinkel" erwähnten Aussichtsplattform, vier Wochen lang zu sehen war. „Fucking Terrorists", letztes Jahr war sogar ein Angriff mit einem Flugzeug

auf ein in der Nähe von NY befindliches Atomkraftwerk geplant. Gott sei Dank, konnte dieser verhindert werden.
Die vorhin noch so hochgelobte Tradition des Bushido verliert sehr schnell an Bedeutung. Ehre, Gnade und Vergebung sind ja ok, allerdings nur bis zu einem gewissen Grad. Wenn es andere betrifft, kann man vielleicht unbeschwerter über solche Themen diskutieren. Hier geht's schon um etwas mehr, als nur Nationalstolz. Mit einem Verbrecher „Mitgefühl" zu haben und ihm vielleicht auch noch dafür zu vergeben, ist vielleicht auch etwas zu viel verlangt, oder?

Eine negative Schwingung macht sich im Cockpit des Mustangs breit und um eine Eskalation zu vermeiden, die dieses Thema verursachen würde, behalte ich weitere Gedanken für mich und forme sie mal lieber nicht in Worte. Sie, lasse ich allerdings gern daran teilhaben und eröffne damit gleichzeitig mein nächstes Kapitel.

„Ihr habt gehört, dass gesagt worden ist, Auge für Auge, und Zahn für Zahn. Ich aber sage euch: Leistet dem, der euch etwas Böses antut, keinen Widerstand, sondern wenn dich einer auf die rechte Wange schlägt, dann halt ihm auch die andere hin. Und wenn dich einer vor Gericht bringen will, um dir das Hemd wegzunehmen, dann lass ihm auch den Mantel. Und wenn dich einer zwingen will, eine Meile mit ihm zu gehen, dann geh zwei mit ihm. Wer dich bittet, dem gib und wer von dir borgen will, den weise nicht ab.

Liebet eure Feinde und betet für die, die euch verfolgen, damit ihr Söhne eures Vaters im Himmel werdet." [101]

VERGEBUNG

Als Sebastian das erste Mal seine zukünftige Frau traf, waren es für ihn nicht die tausend Herzen und die vielen Schmetterlinge im Bauch. Es war vielmehr ein Gefühl der Vertrautheit und der Entschlossenheit mit dieser Frau den Rest seines Lebens verbringen zu wollen.
Als sie heirateten waren beide noch sehr jung und übernahmen bereits in jungen Jahren die Verantwortung für ihren liebevollen Sohn. Sebastian liebte seine Frau über alles. Sie vervollständigte sein Leben.

Die Jahre vergingen und gleichzeitig verflüchtigten sich auch die Schmetterlinge und Herzen seiner Frau für ihn. An deren Stelle trat die tägliche Routine des „Familienalltags“ und gewann immer mehr an Bedeutung.
Sebastian hingegen, fühlte genau das Gegenteil. Die anfänglich vermissten Schmetterlinge machten sich jetzt immer dann bemerkbar, wenn er seine Frau betrachtete, welche er in allen Belangen liebte und verehrte.

Irgendwann jedoch verspürte er das Gefühl, dass seine Liebe nicht mehr erwidert wurde. Egal was er versuchte, wie sehr er sich auch bemühte. Mittlerweile sagte ihm sein Gefühl auch, dass es jemand anderen geben musste. Er sprach seine Frau darauf an, sie erwiderte ihm mit teils harten Worten, wie er das nur annehmen könnte und ob er ihr nicht mehr vertraute.

Sebastian wusste nicht mehr weiter, irgendetwas stimmte nicht. Sein Verstand und die unendliche Liebe zu seiner Frau ließen ihn seine Emotionen unterdrücken.
Das ständige Ankämpfen gegen seine Gefühle kostete ihn nicht nur Kraft, er begann an sich zu zweifeln, konnte er sich so irren? Die ständigen Selbstzweifel begannen mit der Zeit auch an seiner Selbstachtung zu nagen.

Eines Tages erhielt er einen anonymen Anruf, der seinen Verdacht, betrogen zu werden, bestätigte.
Mit seiner letzten Kraft schöpfte er all seinen Mut und teilte nochmals seine Bedenken mit.

Diesmal konnte sie nicht mehr zurück und beide entschlossen sich innerhalb kurzer Zeit zur Trennung.
Er war am Boden zerstört, sein Leben, seine Bestimmung, ein glücklich verheirateter Familienvater zu sein, ging scheinbar nicht in Erfüllung.

Seine ersten Reaktionen äußerten sich in Affekthandlungen und es kostete ihn viel an Selbstdisziplin und Zurückhaltung nicht mit Schuldzuweisungen auf diese Situation zu reagieren.

Da er seinem Sohn in jeder Hinsicht ein gutes Vorbild sein wollte, suchte er auch nach Lösungen, welche einen friedvollen Ausweg aus diesem emotionalen Irrgarten weisen sollten.

„Ich liebe dich und vergebe dir“, ich weiß, dass ich alles Böse, das ich dir wünsche, auf mich zurückfällt. Deshalb wünsche ich dir auf deinen weiteren, zukünftigen Wegen, alles Gute!

Als ich diese Worte hörte, verstand ich vorerst einmal gar nichts mehr. Das hast du nicht verdient! Einige seiner Freunde kamen mit guten Ratschlägen für eine „saubere“ Trennung oder Adressen von Scheidungsanwälten.

„Ich löse das auf meine Weise!“ Das waren die Worte meines Freundes, gesprochen mit einer Überzeugung, dass niemand es mehr wagte weitere Ratschläge zu erteilen.

Nach einigen Monaten der Trennung und des Abstands sah ich, wie sehr sich Sebastian jetzt in seine Arbeit stürzte. Er genoss die gemeinsamen Tage mit seinem Sohn und ich hatte den Eindruck, dass er ganz gut damit zu Recht kam. Bis allerdings …

„Ich denke ich kann nicht mehr, ich habe keine Kraft mehr, die Bitterkeit in meinem Herzen lässt mich nicht vorankommen. Ich habe das Gefühl auf der Stelle zu treten.“
„Aber du bist doch sehr erfolgreich in deinem Job und du siehst deinen Sohn regelmäßig!“
„Ja, das stimmt, aber weißt du, eigentlich lenke ich mich permanent nur ab. Ich kann noch immer den Schmerz fühlen, wenn ich an die Vergangenheit denke. Wir waren eine Familie. Ich habe diese Entscheidung getroffen, vielleicht hätten wir es doch noch einmal versuchen sollen. Ich hatte es in der Hand. Ich hab´s vermasselt“.

Und da war er! Mein Punkt, die Lösung, so klar und offensichtlich! Vielleicht ist es ja als Außenstehender oft einfacher, weil man die Dinge aus einer anderen Perspektive betrachten kann.

„Sebastian, du bist ein guter Mensch und du hast auch nichts falsch gemacht. Du solltest nur eines tun:

„Deiner Frau hast du bereits vergeben, dem wichtigsten Menschen allerdings nicht, VERGIB DIR SELBST!"

„Du hast genug Zeit mit Trauern verbracht und die Bitterkeit in deinem Herzen kommt aus dir, LASS DIE VERGANGENHEIT JETZT RUHEN, BLICKE NACH VORNE und vor allem VERGIB DIR. Das schafft Platz für Neues in deinem Herzen!"

Da ich wusste, er würde über meine Worte nachdenken, beließ ich es auch dabei. Die darauffolgenden Wochen sah und hörte ich nichts von meinem Freund. Informationen über ihn erhielt ich von gemeinsamen Freunden. Ich hatte das Gefühl, dass ich etwas in seinem Leben bewegt hatte.

Heute, nach mittlerweile vier Jahren ist Sebastian wieder ein glücklich verheirateter Familienvater, der seine „neue" Familie um ein weiteres süßes Familienmitglied vergrößert hat.

Diese Geschichte hatte auch mein Leben stark beeinflusst. Sie lehrte mich, was es bedeutet „wahre Vergebung" zu praktizieren. Immer wenn sich das Gefühl des, „das hast du nicht verdient, dass man so mit dir umgeht", breitmacht, denke ich an meinen Freund. Sebastian hätte jederzeit auch anders reagieren können. Seinen Emotionen sozusagen freien Lauf lassen können! Ich bin nach wie vor von seiner Selbstdisziplin beeindruckt. Als ich ihn einmal danach fragte, wie er das so einfach umsetzen konnte, gab er mir schlicht und einfach zur Antwort:

„Ich wusste, dass ich auf mein Gefühl hören musste. Jemand anderem die Schuld zuweisen ist nicht schwer. Es wird sich immer ein anderer Mensch oder Umstand finden, den wir für unser eigenes Tun verantwortlich machen können.
Ich musste bei mir anfangen. Es hat nicht gereicht, allen anderen zu vergeben, und dabei auf mich zu vergessen. Niemand hatte jemals von mir verlangt mich selbst zu bestrafen, also musste ich mich von diesen

gedanklichen Fesseln, welche ich mir selbst angelegt hatte befreien. Ich habe sie abgeworfen, indem ich mir täglich einen Satz vor Augen hielt: „Vergib dir, richte deinen Blick nach vorne und gehe deinen neuen Weg!"

Denken sie über die Worte meines Freundes nach, speziell wenn sie Bitterkeit tief in ihrem Herzen verspüren, die man nicht gleich bemerken mag. Bittere Wurzeln werden bittere Früchte tragen. Vergeuden sie nicht die Zeit damit, einen solchen Baum solange zu hegen und zu pflegen bis seine Früchte genießbar werden.
Säen sie lieber die Saat für einen neuen Baum mit süßen Wurzeln, dieser wird ihre Mühen auch mit süßen Früchten belohnen.

And remember:

"Move forward (don´t look back)" [102]

HASS+ NEID+ GIER = ANGST

Wenn sie mehr darüber erfahren möchten, lesen sie diverse Boulevardblätter oder den Chronik Bereich einer Tageszeitung. Oft geben ihnen auch die Fernseh- und Radionachrichten darüber Auskunft. Wenn sie mir nicht glauben, dann zählen sie mal mit, wie oft Berichte über Vergebung, Liebe und Verständnis in den diversen Medien ihre Anwendung finden.

Ja, aber wie soll ich denn dann über das Geschehen in der Welt informiert sein? Diese Frage können sie sich nur selbst beantworten, indem sie entscheiden, welche Informationen ihnen persönlich für ihr Weiterkommen dienlich sein sollen.
Ich für meinen Teil, halte mich an einen Tipp eines sehr guten Freundes: Für jede Nachricht mit negativem Inhalt, geht er auf die Suche nach zwei positiven Nachrichten.
Mit der Zeit wird dieses Vorhaben sehr zeitaufwendig und sie filtern schon sehr bald jene Informationen heraus, welche sie auch wirklich benötigen.
Eigentlich brauchen sie sich nur eine Frage zu stellen:

Wozu dient diese Information? Wem hilft sie?

Scheuen sie sich nicht einmal nicht, über den Spielstand des verlorenen Ländermatches informiert zu sein, oder nicht über die vorhergesagten Auswirkungen der Krise in den nächsten Monaten auf dem Arbeitsmarkt und die Wirtschaft Bescheid zu wissen.
Zu wissen, welches Wetter morgen ist, kann auf der einen Seite hilfreich sein, auf der anderen Seite ärgerlich, wenn die getätigte Wettervorhersage dann doch nicht eintrifft und man bereits Pläne geschmiedet hat.

Man muss nicht immer alles wissen. Intelligenz ist eine Sache, Tatkraft eine andere. Was die beiden miteinander zu tun haben?

Der Gelehrte und der Fischer

„Ich bin einer der anerkanntesten Gelehrten des Landes“, sagte der Fremde zum Fischer als er ihn bat, ihn in seinem Boot über den Fluss zu bringen.

„All mein Wissen ist in diesen Büchern, in ihnen sind die größten Schätze der Menschheit in Form des Wissens enthalten. Bring mich und meine Bücher sicher ans andere Ufer!
„Könnt ihr schwimmen?“ fragte der Fischer als sie die Mitte des Flusses erreicht hatten.
„Nein, aber ich habe gelesen wie man es lernen kann. Ich kann sogar mit Formeln errechnen, wie lange wir bei diesem Wind noch bis zur anderen Seite benötigen werden.“
„Gut“ sagte der Fischer dann beginnt mit euren Formeln zu berechnen, wie lange ihr benötigt, um Schwimmen zu lernen, denn mein Boot hat ein Leck und wir werden kentern.“
„Im Übrigen wollte ich euch noch mitteilen, dass ihr euch um eure Bücher nicht sorgen müsst. Diese werden nicht ertrinken.“

Die Welt dreht sich weiter, auch wenn wir noch so bemüht sind, ihr vorzuschreiben in welchem Tempo sie dies tun soll.

Selbst wenn uns Kriegsberichte erreichen, in denen uns erklärt wird, dass dieser Krieg ein Krieg zur Befreiung von Diktatur und Gefangenschaft ist, wird es immer ein Krieg bleiben.
Dass, die nächste Steuerreform die Letzte ihrer Art sein wird, denn die nächste ist mit Sicherheit eine andere.
Dass morgen früh die Sonne auf-, und abends untergehen wird.

All dieses Wissen existiert auch ohne unser Zutun. Ob wir es uns heute, morgen oder gar nie aneignen, hat keinen Einfluss auf den weiteren Verlauf unseres Lebens.

Es geht einzig und allein darum, wie viel Kraft wir diesem Wissen geben wollen, unseren Frieden zu stören.

Denken sie darüber in Ruhe nach, wenn sie das nächste Mal die Tageszeitung aufschlagen und sich über die Ungerechtigkeiten in der Welt ärgern wollen!

© Joe Wolf 2011 Metropolitan Transportation Authority NYC

The Blind Man

Noch ein letztes Mal begebe ich mich in die Stadt um die letzten Weihnachtsgeschenke zu ergattern. Ebenso bin ich auf der Suche nach einem Santa Claus Kostüm, mit welchem ich am 26. Dezember verkleidet vor meine Kinder treten möchte. Sie haben keine Ahnung, dass ich früher komme! „Surprise!!!“

Mit etwas Wehmut zelebriere ich meine letzte Fahrt in der New Yorker U-Bahn. So wie viele der NY Citizens habe ich meinen MP3 Player unter meiner Haube versteckt und lausche dem Song „The Stand“ von den Rascal Flatts. Er handelt davon, dass dich das Leben manchmal in die Knie zwingt, betrachte es als Herausforderung. Aufstehen, abschütteln und weitergehen! Ich liebe diesen Song. Werde ich diese Unbekümmertheit, diese wertvolle Zeit zur Selbstreflexion zu Hause auch haben? Welchen Impact hat diese Reise auf den weiteren Verlauf meines Lebens?

42nd Street Times Square, raus und ab zum Bus Bahnhof. Weil der Song so schön war gleich nochmal. Da meine Augen auf meine Mini-Stereo-Anlage gerichtet sind, fällt mir der von rechts kommende „black Gentleman“ nicht auf, welcher geradewegs auf mich zu steuert bis er plötzlich …
„Bump“, „Sorry“ Eigentlich konnte ich ja nichts dafür, er ist einfach in mich hinein. Als ich dann sah, wie er plötzlich mit seinem Hund zu schimpfen begann, welcher an der starren Leine ging, fielen mir auch die schwarze Sonnenbrille und die scheinbare Hilflosigkeit dieses blinden Menschen auf. Vorerst wusste ich nicht wie ich reagieren sollte. Sollte ich ihn fragen ob er Hilfe benötigt, hatte er doch einen Blindenhund? Sollte ich ihm erklären, dass es auch zum Teil meine Schuld gewesen war, da ich den Hund übersehen hatte? Irgendwie fühlte ich mich plötzlich hilflos, da ich nicht wusste wie ich mit dieser Situation umgehen sollte.

Irgendwie verspürte ich so etwas wie …

Mitleid oder Mitgefühl

Hilft man einem Menschen aus Mitleid, beraubt man ihn seines Stolzes! Diesen Satz habe ich einmal in einem Buch gelesen. Menschen die Hilfe benötigen, geben ihnen unmissverständliche Signale. Solange sie diese allerdings nicht erhalten, warten sie lieber bevor sie zu voreiligen Taten schreiten. Diese könnten, zum falschen Zeitpunkt angewandt, dem um-Hilfe-bittenden sonst unangenehm sein.

Eine weitere große Herausforderung die sich uns stellt, wenn wir über „Liebe" sprechen ist der Begriff „Mitgefühl". In der englischen Sprache findet man speziell in spirituellen Leselektüren das Wort Love sehr oft in Verbindung mit dem Ausdruck „Compassion" (Mitgefühl). Dieser sollte allerdings nicht mit dem oben erwähnten „Mitleid" verwechselt werden. Mit jemandem mit-zu-leiden ist weder für den Betroffenen noch für den Mitleidenden hilfreich. Ich erinnere mich an eine Unterhaltung, die ich mit meiner Freundin führte, in welcher es darum ging, die restliche Portion vom Teller aufzuessen. Als ich sie ironisch aufforderte aufzuessen, da es moralisch nicht vertretbar sei, dass wir Essen wegwerfen und gleichzeitig in der 3. Welt Menschen verhungern, antwortete sie mir mit: „Ich kann einfach nicht mehr, und selbst wenn ich aufessen würde, könnte ich in das Schicksal dieser Menschen nicht eingreifen."

Nach dieser Aussage war ich vorerst einmal sprachlos. Allerdings musste ich, je mehr ich darüber nachdachte, feststellen, dass sie Recht hatte. Selbst nichts zu essen und sich mit diesen Menschen zu solidarisieren, würde keine Veränderung deren Zustands herbeiführen. Dieses Beispiel brachte mich zur Erkenntnis, dass Mitleid niemals hilfreich ist und keinesfalls mit dem Begriff des „Mitgefühls" verwechselt werden sollte.

„Selbstloses Dienen impliziert nicht Selbstaufgabe!
Selbstloses Dienen ist ein aus reinem Herzen kommender Akt!" [103]

„Alles Leben ist Leid", [104] sagt Buddha, gleichzeitig weist er allerdings auch auf dem goldenen Weg darauf hin, dass – wie so oft – WIR diejenigen sind die es sich aussuchen können ob wir leiden wollen. Erinnern sie sich an das Kapitel mit der Selbstverantwortung? Ich für meinen Teil habe herausgefunden, dass ich mit dem Mitfühlen und dem Verständnis zeigen nicht nur anderen helfen kann, sondern auch MIR selbst Gutes tue.

Eine kleine Geschichte gefällig?

Mitgefühl für jedermann/frau

„Später kaufen wir noch die Zutaten für unser Lieblingsgericht (Burritos) im Supermarkt ein", rief ich meinen beiden Töchtern zu, die sich bereits schon den ganzen Vormittag darauf freuten, mir bei der Zubereitung dieses mexikanischen Nationalgerichtes behilflich sein zu dürfen.

Als ich gerade an der Kassa meine gekauften Artikel bezahlen wollte, sprach mich eine sehr sympathische Dame, fortgeschrittenen Alters an. Sie bat mich, ihr die angeführten Preise auf ihrem Kassenbon vorzulesen, da sie ihre Brille vergessen hatte. Gerne tat ich ihr diesen Gefallen und als Dank dafür schenkte sie meinen beiden Töchtern, die bei ihrem Kauf erhaltenen Sticker.
Sie stellte fest, dass ihr die Kassiererin 49 Cent bei einem Artikel zu viel verrechnet hatte. Vielleicht denken sie sich jetzt, dass dieser Betrag es nicht einmal Wert ist um weiter darüber nachzudenken. Für diese alte Frau jedoch war er wichtig und ich schloss daraus, dass sie sehr sorgfältig mit ihrer Rente umgehen musste.
So bat sie die Dame an der Kasse höflich, diesen Fehler zu korrigieren. Ein anfänglich noch freundliches „Leider haben sie übersehen, dass dieser Preis nur für Stammkunden mit Karte gilt", schreckte die ungefähr 85-jährige Lady nicht ab und sie antwortete mit einem: „Oh das muss ich wohl übersehen haben, aber ich habe eine Karte, leider habe ich sie zu Hause vergessen!"
So kam es, dass sie mich ein zweites Mal fragte ob ich ihr helfen könnte und ihr meine Kundenkarte borgen würde. Da ich meine Karte ebenfalls nicht bei mir hatte, wandte sie sich an eine weitere Kundin, welche hilfsbereit zustimmte und ihre Karte zur Verfügung stellen wollte.

Diesmal war der Tonfall der jungen Kassendame, sehr schroff und streng. „Ich habe ihnen gesagt, dass es nicht geht, sie können sich nicht einfach

eine Karte ausborgen und so die Rabatte einheimsen (kurze Anmerkung zur Erinnerung: Hier wurde um 49 Cent diskutiert). Stellen sie sich vor das würde jeder so machen!"
Meine Kinder, ich und weitere Kunden verfolgten mittlerweile diese angeregte Diskussion mit Aufmerksamkeit und teilweisem Unverständnis gegenüber der aufgebrachten Angestellten.

Schlussendlich musste sich die alte Dame dann doch geschlagen geben und trottete langsamen Schrittes und in gebückter Haltung Richtung Ausgang. Ich konnte noch hören wie sie mit etwas gedrückter Stimme sagte: „Na ja, schade kann man halt nichts machen. Auf Wiedersehen!"

Als wir mit unseren Plastiktüten heimwärts fuhren, sagte meine zehnjährige Tochter: „Das war jetzt aber nicht okay, Sie hätte die alte Frau viel netter behandeln können, oder Papa?"

„Ja, du hast recht, es war sicher nicht richtig". Ist dir allerdings aufgefallen, dass du und alle anderen großes Mitgefühl für diese alte Dame hatten? Denkst du, dass irgendjemand in diesem Moment auch Mitgefühl für die junge Frau an der Kassa hatte?"

Daraufhin schaute sie mich verdutzt an und fragte mich: „Wie meinst du das?"

Mit hilfsbedürftigen Menschen, wie z.B. kleinen Kindern, Opfern von Flutkatastrophen oder alten Menschen zeigen wir immer und automatisch Mitgefühl. Gott allerdings stellt uns aber auch vor Herausforderungen, dort Mitgefühl zu zeigen, wo man es nicht gleich sieht, es allerdings viel notwendiger wäre.
Wir wissen nicht was der Supermarktangestellten die letzten Tage widerfahren ist. Vielleicht wurde sie von ihrem Freund verlassen, oder hat vor ein paar Tagen erfahren, dass sie ihren Job verlieren wird, der für sie sehr wichtig ist."

Mitgefühl sollte ehrlich sein und ist auch nur dann angebracht, wenn es tief aus ihrem Herzen kommt. Heuchlerische Taten, Hilfe anzubieten, wenn

man sich dafür etwas erwartet oder zu helfen, um sein eigenes, schlechtes Gewissen zu befriedigen, hat mit Mitgefühl nichts zu tun.
Diese Art von Mitgefühl benötigt ein hilfsbedürftiger Mensch genau so wenig „wie ein Fisch ein Fahrrad braucht". [105]

Freundschaftsdienst

Wie so oft sitze ich in meinem Zimmer und chatte mit meinen Freunden in Europa. Es ist so gegen 11 p.m Ortszeit als plötzlich mein Skype einen eingehenden Anruf anzeigt. Es ist einer meiner langjährigsten Freunde und Trainingskollegen. Abgesehen davon, ist er ein begnadeter und über die Grenzen Europas hinaus bekannter Jazz-Gitarrist. Ihm übergab ich auch die Leitung der Erwachsenen Trainingsgruppe, wofür ich ihm jetzt noch unendlich dankbar bin.

„Hi, Amerikaner, wie geht's dir da drüben?" Nach dem Austauschen der Informationen über unser gegenseitiges Befinden, fragt er mich, ob es mir möglich wäre eine von ihm über E-Bay erworbene, seltene E-Gitarre aus den Staaten mit nach Hause zu nehmen. Gründe dafür sind, der wegfallende Zoll und die Transportkosten, die das gute Stück noch erheblich verteuern würden.

Meine erste Empfindung meldet sich prompt mit einem JA. Allerdings halte ich mich mit meiner Antwort noch zurück, da ich ja keine Ahnung habe, wie ich dieses zusätzliche Gepäckstück bei meinem eigenen Übergepäck unterbringen soll. „Als Gepäck kannst du es nicht aufgeben, du müsstest es als Handgepäck mit ins Flugzeug nehmen!"
Prompt melden sich meine ersten Zweifel, da ich mir nicht vorstellen kann, wie ich zusätzliches Handgepäck zu meinem Rucksack beim Einchecken in einem voll ausgebuchten Flieger unterbringen soll. „Tu einfach so, als wär es das natürlichste der Welt, dass du die Gitarre mit an Bord nimmst. Wenn du beim Check in gefragt wirst, sagst du einfach, dass du sie im Cockpit abgibst. Ich mache das bei meinen Flügen immer so!" „Ich soll so tun, als wär ich Musiker, der von seiner Tour in New York nach Hause fliegt?" (Wo bleibt hier meine Authentizität?)
„Was, wenn die mich nicht in den Flieger lassen" Wo soll ich sie dann deponieren? Aufgeben kann ich sie direkt am Flughafen nicht mehr, und meinem Freund Càì mitgeben ist nicht mehr möglich, wenn ich bereits durch die Sicherheitskontrolle bin!"
„Du musst es nicht gleich entscheiden, überlege es dir und gib mir einfach Bescheid. Es ist auch OK, wenn es dich zu sehr stresst. Ich würde es verstehen!" Für diesen Satz bin

ich erstmals dankbar und reflektiere noch einmal meine erste Empfindung. „Was hindert mich eigentlich daran?" Und schon kommen die ersten Ängste:

a) *Du könntest deinen Flug versäumen und wärst nicht wie geplant am 25. Dezember zuhause.*
b) *Selbst wenn du in New York mit der Gitarre einsteigen kannst, könnte es in London beim Umsteigen ein Problem damit geben*
c) *Du kannst das teure Stück nicht einfach am Flughafen liegen lassen*
d) *Sie könnten dich auffordern, etwas vorzuspielen*

Okay bei d) muss ich eingestehen, dass ich diesen Zweifel eher ironisch meinte, allerdings war meine Angst berechtigt, denn was wünschte ich mir sehnlicher, als meine Liebsten nach fast drei Monaten wieder in die Arme zu schließen.

Angst

Haben sie sich schon einmal gefragt warum wir Angst haben und wie diese entsteht? Unabhängig davon wovor sie Angst haben, ist dieses Gefühl ein riesiger und schwerer Klotz an unserem Bein. Er kann sogar so schwer werden, dass wir uns nicht mehr weiterbewegen können oder uns nicht mehr wagen zu bewegen.

Wikipedia definiert den Begriff Angst folgendermaßen:

Angst ist ein Grundgefühl, welches sich in als bedrohlich empfundenen Situationen als Besorgnis und unlustbetonte Erregung äußert. Auslöser können dabei erwartete Bedrohungen, etwa der körperlichen Unversehrtheit, der Selbstachtung oder des Selbstbildes sein. Begrifflich wird dabei die objektunbestimmte Angst (lateinisch angor) von der objektbezogenen Furcht (lateinisch timor) unterschieden. Weiterhin lässt sich die aktuelle Emotion Angst unterscheiden von der Persönlichkeitseigenschaft Ängstlichkeit, also häufiger und intensiver Angst zu fühlen als andere Menschen

Betrachtet man Angst als Gefühl, werden sie feststellen, dass sie nicht existiert! Sie glauben mir nicht? Na gut, dann versuche ich es so zu erklären:

Angst ist die Manifestation unserer Furcht vor zukünftigen Ereignissen, welche meist in Verbindung mit Erfahrungen aus der Vergangenheit stehen.

Sie wird von unserem Verstand produziert und durch unsere Aufmerksamkeit gefüttert (siehe Kapitel Angst und Zweifel, Seite 26). Je mehr Zeit zwischen Gegenwart (ich möchte etwas tun) und Zukunft (bis morgen werde ich es tun) besteht, in der man sich Gedanken darüber machen kann, was denn alles passieren könnte, desto grösser wird die Lücke, die wir mit Angst füllen können. Ja, können, wenn wir wollen!

„Halte deinen Bogen gespannt und du wirst gefürchteter bleiben." [106]

Diese Weisheit machen sich jene zu Nutze, die Macht über andere Menschen besitzen wollen. Der gespannte Bogen erzeugt Angst in uns, da wir wissen, dass uns der Pfeil lebensgefährlich verletzen kann. Woher können wir allerdings wissen, ob ihn der Schütze jemals abschießen würde?

„Aber brauche ich denn die Angst nicht damit ich so Gefahren aus dem Weg gehen kann? Ist Angst denn nicht auch eine treibende Kraft? Wie z.B. nicht auf die heiße Herdplatte zu greifen?" Diese Fragen sind durchaus berechtigt, allerdings benötigt man dafür nicht Angst, sondern - wenn auch nur in geringem Masse vorhanden - Intelligenz. Unsere Lernfähigkeit schützt uns vor selbstzerstörerischen Taten. Endlich etwas, wozu wir unseren Verstand gebrauchen können ☺.

Es gibt 2 Möglichkeiten Angst zu generieren:

1. Sie nehmen ein Ereignis aus der Vergangenheit, bei dem sie eine Niederlage erlitten haben, und projizieren es in die Zukunft.
2. Ohne sich ihr eigenes Bild zu machen, hören sie auf Aussagen, welche Angst verbreiten und halten sich an diese, wenn sie zukünftig damit konfrontiert werden.

In beiden Fällen ist die Angst ausschließlich nur in unserem Verstand existent.

Angst in der Gegenwart existiert NICHT!

Der Bruchtest

Das ist ein Fichtenbrett mit 25 mal 25 Zentimetern und einer Stärke von 1,5 Zentimetern.
Ich werde es halten und du wirst mit der Faust versuchen es zu durchbrechen.

„Ich habe so etwas noch nie gemacht!"

Ich weiß, so wie vielen vor dir, werde ich dir beibringen wie du es mit nur einem Schlag durchbrechen kannst!
Möchtest du es lernen?

Ja!

Bist du dir wirklich sicher? Wenn du nämlich bei deinem Schlag zögern solltest wird nicht das Brett sondern dein Knöchel brechen, willst du es noch immer?

Ja!

Aus der soeben gelernten Kampfstellung schnellt die geballte Faust nach vorne Richtung Brett, das Ziel ist, wie ich zuvor erklärt habe, nicht das eigentliche Brett. Es sollte zehn Zentimeter dahinter liegen. So erhält die Technik ihre „Durchschlagskraft."

Ein lauter, konzentrierter Kampfschrei bei dem ein kurzes „Haaah" ertönt und das Geräusch von berstendem Holz durchbricht die Stille. Die restlichen Teilnehmer des „Bruchtest-Seminares" lauschen aufmerksam.

Wow, ich hab´s geschafft! Das ging ja leichter als ich dachte!

Okay, jetzt erklär mir einmal, was du dabei empfunden hast. Hattest du Angst?

Ja, ich wusste ja nicht ob ich es denn schaffen würde und falls nicht ob ich mich dabei hätte verletzen können.

Ja, das hättest du, hättest du nur kurz an dir gezweifelt und den Schlag nur um einen Bruchteil verzögert. Allerdings ist, wie du siehst, die Angst ein Produkt deines Geistes. Ich half sie zu verstärken und habe sie mit meinen Zweifeln gefüttert. In dem Moment, als du deine Entscheidung getroffen hast und im Hier und Jetzt warst, hast du deiner Angst keine Energie mehr zukommen lassen. Du hast dich nicht mehr auf die Zukunft sondern auf das Jetzt, die Technik und die Ausführung konzentriert.

Gratuliere!

Dies ist ein Ausschnitt aus einem meiner Seminare, in welchen ich am Ende des Kurses einigen der Teilnehmer die Möglichkeit anbiete ein Brett zu zerschlagen. Es ist eine schöne Metapher zum Thema Angst und vor allem, wie man mit Mut und Tatkraft jener siegreich entgegenwirken kann.

„Wenn du nichts besitzen willst, fürchtest du dich auch nicht davor, dass dir etwas weggenommen werden könnte.“ [107]

Verstehen sie unter „nichts besitzen zu wollen“ allerdings bitte nicht, auf etwas absichtlich zu verzichten. Hier gibt es einen erheblichen Unterschied. Wer nichts besitzen muss, um sein Selbstwertgefühl zu erhöhen oder um damit den Vorstellungen unserer Gesellschaft zu entsprechen, wird auch niemals an diesen Dingen festhalten wollen. Drohen sie einem Menschen mit dieser Einstellung, ihm etwas wegzunehmen, wird ihre Drohung ins Leere laufen und sie werden spüren wie machtlos sie in Wirklichkeit sind.
Leider lassen wir uns durch den Druck, unseren gesellschaftlichen Status aufrecht zu erhalten, immer öfter erpressen und so wird der Umgang mit dem Gefühl Angst, schnell zu einem guten Geschäft. Oder gehören sie etwa nicht zu jenen, die sich gerne für den Fall der Fälle absichern und zusätzlich in die private Pensionsvorsorge einzahlen?

„Sammelt euch nicht Schätze hier auf der Erde, wo Motte und Wurm sie zerstören, und wo Diebe einbrechen und sie stehlen, sondern sammelt euch Schätze im Himmel, denn wo dein Schatz ist ich auch dein Herz.

Sorgt euch nicht um euer Leben und darum, dass ihr etwas anzuziehen habt, Ist nicht das Leben wichtiger als die Nahrung und der Leib wichtiger als die Kleidung?
Seht euch die Vögel des Himmels an: Sie säen nicht, sie ernten nicht und sammeln keine Vorräte in Scheunen.“ [108]

Ja, wer von allem hat, hat leicht reden, höre ich sie sagen? Aber haben wir nicht alle bereits genug? Welche Wildkatze würde drei Antilopen auf einmal schlagen um für schlechte Zeiten vorzusorgen? Täte sie das, würde sie somit im selben Moment auch mit der Angst konfrontiert werden, dass ihr die beiden anderen Kadaver gestohlen werden oder frühzeitig verfaulen. Somit versucht sie es erst gar nicht.
Somit ist eine Grundstücksgrenze ebenso eine Illusion wie ein Schuldschein. Beide wurden von unserem Verstand ins Leben gerufen um Macht zu demonstrieren, oder glauben sie wirklich dass ein bestimmter Baum oder ein Teich wirklich einem Menschen gehört? Die Natur gehört ausschließlich sich selbst und wir können nur versuchen mit ihr im Einklang zu leben und uns von ihr nähren zu lassen.

Nicht, dass sie sich jetzt aufgefordert fühlen, über Zäune zu steigen und sich Gegenstände aneignen, weil sie ja nur Illusion sind, so einfach ist es dann doch wieder nicht! Dies wäre nur eine weiter Ausrede um sich wieder etwas anzueignen, das in Wahrheit NIEMANDEM gehört,

Besitzlosen Besitz können sie sich nicht aneignen, auch wenn sie noch so viele Schilder mit ihrem Namen darauf anbringen. Es ist und bleibt beschriebenes Papier und das kann, wie wir wissen, oft sehr geduldig sein! Ebenso wenig hat das letzte Hemd auch keinen Knopf.

Sobald sie sich weigern diesen Kampf gegen ihr Ego zu führen, werden sich auch ihre Ängste auflösen!

Als ich die vorangegangenen Zeilen schrieb und mir bewusst machte, wie ich meine Angst in der Vergangenheit erfolgreich weiterziehen lassen konnte, verspürte ich das Gefühl ein bekannter Stargitarrist zu sein (just kidding)
Auch wenn meine Kenntnisse nur für Country Roads mit drei Akkorden reichten, war ich innerlich bereit ein Konzert in der Abflughalle zu geben. In diesem Moment löste sich

auch die entstandene Anspannung in mir, da ich es als selbstverständlichste Sache der Welt akzeptiert hatte, mit einer Gitarre zu reisen.

Paradoxer Weise erhielt ich drei Tage nach dem Skype Anruf meines Freundes eine Mail.
Danke für deine Hilfsbereitschaft, habe mich allerdings doch gegen den Kauf entschlossen, da eine größere Autoreparatur ins Haus steht und ich das Geld dafür benötige.

Und jetzt liege ich in meinem Bett, lasse die Geschehnisse der letzten Tage nochmals an mir vorüber ziehen und wundere mich, wem wohl Santa Claus´ Rentiere wirklich gehören ;-)

Good Night

© Joe Wolf 2011 Mercer Street, Soho NY

New York, I love you!

Am letzten Abend vor meiner Abreise werde ich von meinem Freund zum Abendessen eingeladen. Die Stimmung ist etwas gedämpft, da wir beide wissen, dass der Abschied nur mehr einige Stunden entfernt liegt. Ich denke ich werde das regelmäßige Seafood vermissen. Ebenso die unbeschwerte Zeit in dem kein Cell, oh sorry „Handy" läutet, keine Post zu beantworten ist und der Fokus einzig und allein auf mich gerichtet ist.

Bin ich jetzt zu einem Egoisten mutiert?

Ich liebe dieses Leben, die Spontanität und diese pulsierende, voller Überraschungen steckende Stadt. Das Training, die langen philosophischen Gespräche mit Cài und meinen neuen Freunden, die Busfahrten, die Skyline New Yorks am Morgen bei Sonnenschein oder Regen. Das ziellose Schlendern durch die Straßen Soho´s, der Mittagssnack irgendwo im vorübergehen. Sogar der Pappkaffe, all das ist mir ans Herz gewachsen. Ich denke, ich habe mich „verliebt." Kann man sich in eine Stadt verlieben? Nein, ich denke, „ich liebe mich". Ich liebe mich für meinen Mut, der mir all diese wunderbaren Möglichkeiten und Ereignisse beschert hat. Im Moment würde ich mich überall auf der Welt lieben, und da ich das tue, liebe ich auch mein Umfeld, welches wiederum mich lieben lernte.

In der seit Wochen auf der Terrasse vorbereiteten Fire Bowl (eine Art Feuerkorb) entfacht mein Freund das „Abschiedsfeuer", bei dem wir lachend aber auch weinend über die letzten Wochen reflektieren. War es Zufall oder Bestimmung? Egal, was es war, JETZT sind wir hier und blicken einen Tag vor Heilig Abend in unser eigenes Weihnachtsfeuer unter dem sternenklaren Himmel Spring Valley´s.

December 24th

Normalerweise benötigt man mit dem Auto eine gute Stunde bis zum JFK Flughafen. Da ich annehme, dass „Last minute Shopping eine amerikanische Erfindung ist, und ich meinen Freund noch zu einem Abschieds-Lunch einladen möchte, bitte ich ihn, vier Stunden mehr einzuplanen. Umso größer ist die Überraschung als wir nach nicht ganz fünfzig Minuten in den Parkplatz des Abflugterminals einfahren. Wie erwartet, ist meine Tasche (ohne Gitarre) um acht Kilo zu schwer. Nach dem ich Good Will zeige und beginne, einige der Bücher in meinen Rucksack zu stopfen, höre ich überrascht die Worte: It´s ok, let´s call it a Christmas present", und schwubs ist meine Tasche auf dem Förderband! Thank you very much!

Leider gibt es außerhalb der Wartezone kein ordentliches Restaurant, und so kommt es, dass ich das erste und gleichzeitig auch letzte Mal auf meiner Reise typisches amerikanische Fast Food zu mir nehme. Auch hier hätte ich mehr Zeit eingeplant, und vor allem ein einladenderes Ambiente, aber es soll eben nicht sein, Wu Wei!

Abschied

Zu lieben heißt, auch wieder loslassen zu können. Ob es sich dabei um einen Menschen, einen Gegenstand oder einen erfüllten Traum handelt, ist in diesem Fall nicht relevant.

Zugegebener Maßen fällt es mir nicht gerade leicht. Jedoch bin ich bereits in freudiger Erwartung auf mein nächstes Highlight, meine Rückkehr und das Wiedersehen mit meinen Liebsten.

„Thank you brother" Amituofo! Mein Bruder, eine Bezeichnung wie sie besser nicht hätte sein können. Der junge, wilde, ungestüme, auf der Suche nach Halt und Festigkeit, trifft auf den strukturierten und lebenserfahrenen, welcher seinerseits auf der Suche nach Abenteuer und Spontanität war. Eine letzte Umarmung mit Tränen in den Augen und unendlicher Dankbarkeit im Herzen. Es ist dies der Abschied von einem Lebensabschnitt, der mit einem Traum begann, mit Mut zur Erfüllung gebracht wurde und mit einem, dem einzig existierenden Gefühl, gelebt wurde:

Liebe

L oyalty
O f
V aluable
E motions

Liebe zu definieren, führt immer zu Verwirrung. Es ist dies ein Gefühl, das höchste Gefühl, welches keiner Worte bedarf. Liebe ist spürbar und allgegenwärtig.

Sie ist die Zusammenfassung aller vorangegangen Kapitel. Sie umfasst ebenso Freude und Mitgefühl, wie auch Neid und Hass. Liebe zu sich selbst führt zur Selbstachtung. Diese wiederum benötigen wir um von anderen geachtet zu werden. Sie ist, wenn man so will, die Hülle jeglicher Existenz, ob Lebewesen oder Pflanze. Alles entspringt der Liebe.

\+ + +
Ein Zuviel an Liebe führt zur Einschränkung, sie wirkt besitzergreifend und manipulativ. Das Gefühl des Erdrückt-Werdens führt zum Rückzug des Liebe Empfangenden und schließlich zum Kampf gegen die Liebe.

\- - -
Ein Zuwenig an Liebe erzeugt einen Mangel, welcher wiederum dem Neid entspringt. Jemand anderes, könnte mehr von dieser Liebe bekommen die eigentlich mir zusteht! Eifersucht oder besser: „Die Angst davor verglichen zu werden", [109] macht sich breit, und das führt dann ebenso zum Rückzug

des Liebe gebenden. Früher oder später wird auch dieser Weg am Schlachtfeld der Liebe enden.

„Wir zerstören was wir lieben.“ [110] Und das mit einer steten Konsequenz. Ob es sich dabei um Mutter Erde handelt, oder wir den Frieden mit Krieg bekämpfen, bewusst unsere Gesundheit aufs Spiel setzen oder unsere Beziehung mit Machtkämpfen belasten! Der Mensch gibt sich bei nichts so viel Mühe, wie bei der Zerstörung der Liebe. Jedoch:

+/-
„Menschen, seid gewahr! Ihr bekamt das Dualsystem nur aus einem einzigen Grund, damit ihr daraus lernt. In Wahrheit gibt es nur Gott, und somit existiert auch nur die Liebe!“ [111]

Das heißt, es gibt weder ein zu viel, noch ein zu wenig an Liebe. Es gibt nur Liebe! Liebe ist absolut. Würden wir die Liebe nach dem Dualprinzip betrachten, könnten wir als ihren Gegenspieler die Angst anführen, „doch kann etwas das allumfassend ist, überhaupt einen Gegenspieler haben?“ [112]

Leider weigern wir uns viel zu oft diesen Umstand anzuerkennen. Wir sind es, die kategorisieren, wen oder was wir mehr oder auch weniger lieben. (Erinnern sie sich an das Kapitel mit der Gleichgültigkeit?)
Was wiederum dazu führt, dass wir uns vor Ihr zu fürchten beginnen.
„Ich habe Angst davor wieder mein Herz zu öffnen und mich fallen zu lassen!“
Niemand sollte Angst vor der Liebe haben! Wir sollten uns einzig bewusst machen, dass „die Angst einzig aus dem entspringt, was WIR aus der Liebe gemacht haben!“ [113]

Die Liebe ist wie das Meer
Selbst der höchste Berg ist unter ihr verborgen
Und der tiefste Graben nicht sichtbar
Einzig seine gleichmäßige, glatte Oberfläche ist zu sehen
In ihr kann sich der Himmel mit seiner Göttlichkeit widerspiegeln
Das Meer ist wie die Liebe

Liebe verletzt uns nicht, sie fängt uns immer auf, solange:

- wir akzeptieren, dass wir Menschen sind und Fehler machen
- wir annehmen was kommt, ohne dagegen anzukämpfen und Schicksalsengel spielen
- wir vergeben und mitfühlen können
- wir SIND und SEIN lassen

Ich erinnere mich an eine Unterhaltung mit einem befreundeten Paar, vor nicht allzu langer Zeit: „Natürlich geht man Kompromisse ein, wenn man sich wirklich liebt, das gehört zu einer Beziehung dazu!"
„Nein, gehört es nicht!" Liebe benötigt keine Kompromisse, diese würden nur dazu führen, dass immer weitere Kompromisse eingegangen werden. Dieser Prozess hält solange an, bis sie bemerken, dass sie den wichtigsten Menschen in ihrem Leben nicht mehr lieben können, nämlich SICH selbst!

„Liebe deinen Nächsten wie dich selbst!" [114] Oder andersrum formuliert: Liebe dich selbst, dann wird es zur Selbstverständlichkeit, dass du mit dem gleichen Maß an Liebe auch andere lieben kannst.

„Denn wahre Liebe ist:
So sein zu dürfen wie man ist und
den anderen so sein zu lassen, wie er/sie ist.
Deshalb „sei" und lasse „sein"!" [115]

Liebe ist kein rationelles Gefühl, es ist für unseren Verstand unmöglich es einzuordnen und zu kategorisieren. Und das ist auch nicht unsere Aufgabe. Wir sollten nur verstehen, akzeptieren und annehmen was IST. In Partnerschaften zuerst uns selbst. Denn sie erinnern sich? „Wenn sie sich selbst nicht lieben, können sie von niemandem erwarten, dass er/sie sie liebt!"

Um wirklich zu lieben, sollten wir einen Satz aussprechen können:

„Ich liebe Mich“

denn

„Ich bin Liebe“

Mit diesem Kapitel beende ich unsere gemeinsame Reise und bedanke mich, dass sie mich bis zur letzten Seite begleitet haben. Ich verzichte darauf, ihnen alles Gute zu wünschen, da dies für einen „wahren Krieger“ und eine wahre „Kriegerin der Liebe“ ohnehin als selbstverständlich gelten sollte.

Stattdessen möchte ich sie dazu auffordern:

„Schaffen Sie sich ein schönes Leben voll Liebe und Freude!“

God bless you!
and
Amituofo

„WAS ES IST

Es ist Unsinn
sagt die Vernunft
Es ist was es ist
sagt die Liebe

Es ist Unglück
sagt die Berechnung
Es ist nichts als Schmerz
sagt die Angst
Es ist aussichtslos
sagt die Einsicht
Es ist was es ist
sagt die Liebe

Es ist lächerlich
sagt der Stolz
Es ist leichtsinnig
sagt die Vorsicht
Es ist unmöglich
sagt die Erfahrung
Es ist was es ist
sagt die Liebe.“ [116]

Epilog

Seit meiner Reise bis hin zur Veröffentlichung des Buches „Wu Wei in New York" ist mittlerweile ein ganzes Jahr vergangen. Oft plagten mich Zweifel, ob ich das Geschriebene nicht umschreiben oder doch für mich allein behalten sollte.

Viele meiner Freunde, denen ich diese sehr persönlichen Zeilen anvertraute, unterstützten und motivierten mich durchzuhalten und erinnerten mich, so wie ich auch meine Kinder sehr oft daran erinnere, an eines meiner verwendeten Zitate:
„Finish strong!"

Als ich am 25. Dezember, ein Jahr zuvor mit der Rohfassung in meiner Heimatstadt landete, hatte ich mir zwar alles von der Seele geschrieben, das mich seit langem beschäftigte, allerdings fehlten mir sowohl ein Konzept, als auch ein Titel. **Es ist nicht immer einfach das Unerklärbare zu erklären**. Waren es die richtigen Worte? Habe ich die Zitate richtig interpretiert? Auch hier hielt ich mich an das von mir Niedergeschriebene. Niemand außer mir kann über meine Wahrheit urteilen.

Ebenso wenig hatte ich eine Vorstellung davon, wie man ein Buch verlegt, noch wie man es publiziert.

Je öfter ich die Zeilen las, desto mehr wurde mir bewusst, dass ich mein eigenes kleines Handbuch geschrieben hatte. So überließ ich es dem Prinzip des WU WEI.

In diesem Moment wurde mir auch klar, dass dieses Buch auch als Arbeitsbuch zu verwenden ist. Die Quellen der verwendeten Weisheiten wurden recherchiert und in eine Form gebracht. Ebenso begann sich das Layout von einer unübersichtlichen Auflistung in ein überschaubares System zu verwandeln. „Zufällig" traf ich auf einen Verleger für spirituelle Literatur und zu guter Letzt fand sich auch ein Titel, welcher nach langen Überlegungen wieder zurück zu meiner ersten Idee gelenkt wurde.

Seitdem wende ich diese „Weisheiten" regelmäßig in allen Situationen meines Lebens an. Ich möchte sie dazu motivieren es mir gleich zu tun. Vielleicht mögen meine Geschichten nicht mit ihren übereinstimmen. Die Wahrheit liegt immer im Auge des Betrachters und manches Mal auch zwischen den Zeilen. Und wenn sie das Gefühl verspüren, dass ihre Wahrheit eine andere ist, na bitte, dann habe ich mein Ziel erreicht. Ich habe sie zumindest zum Nachdenken angeregt. Sie beginnen zu reflektieren, zu hinterfragen, ergreifen Initiative und greifen somit aktiv ins Nicht-Aktive (Wu Wei) ein.

Sollten sie ihren Lebenszweck noch nicht gefunden haben, wünsche ich ihnen Viel Glück und CHI bei ihrer Suche. Eine kleine Anregung jedoch, mag ich ihnen noch mitgeben. Warten sie und zögern sie nicht! Übernehmen sie Verantwortung und ergreifen sie Initiative, den Rest überlassen sie einfach ihrem Schicksal.

You know, the ancient Egyptians had a beautiful belief about death.
When their souls got to the entrance to heaven...
... the gods asked them two questions:
Their answers determined, whether they were admitted or not.

Have you found joy in your life?

Has your life brought joy to others?

(from a dialog between Morgan Freeman and Jack Nickolson from the movie 'The Bucket List'

Sollten sie hier eine Übersetzung ins Deutsche suchen, muss ich sie leider enttäuschen. Diese Zeilen stammen aus einem meiner Lieblingsfilme und ich möchte sie originalgetreu wiedergeben um etwaigen Fehlinterpretationen vorzubeugen.

Der Film handelt von zwei Menschen, die wissen, dass sie aufgrund einer Krankheit sterben werden. Also, erstellen sie eine „To Do-Liste" mit all den Dingen, welche sie nicht getan haben und doch gerne erledigt hätten, bevor sie diese Welt verlassen.

Und wiederum dreht sich alles um Glück und Freude! Glücklich zu sein bedeutet lieben zu können. Lieben zu können bedeutet gleichzeitig Liebe zu empfangen. Es liegt in der Hand jedes Einzelnen, ob er oder sie auch aus den Erfahrungen anderer lernen möchte. Manche dieser Erfahrungen wollen und sollen auch gemacht werden. Allerdings, ist jede Sekunde in der die Liebe verweigert wird unwiederbringlich!

So sollte auch niemand seine persönliche To-Do Liste unter Zeitdruck erstellen müssen. Freude zu leben und mit dieser Freude anderen Menschen ebenso Freude zu bereiten ist etwas, mit dem sie bereits JETZT, noch HEUTE beginnen können!

Don´t waste your time
Take action
and
Move forward!

Die 116 Weisheiten

---

[1] Es gibt, so hat Konfuzius einmal gesagt, drei Wege zur Erkenntnis zu gelangen: Durch Nachahmung (der EINFACHSTE), Überlegung (der EDELSTE), Erfahrung (der BITTERSTE). (Konfuzius) - *Seite 12, 41*

[2] Wenn du am Rande des Lichts stehst, und einen Schritt ins Unbekannte machen musst, wird folgendes geschehen: Entweder stößt du auf etwas Solides das dir Halt gibt, oder DU LERNST ZU FLIEGEN (aus Hühnersuppe für die Seele - Jack Canfield) - *Seite 13*

[3] Das Original, welches mich zu diesem Satz inspirierte lautet: Zwei Dinge sollten Kinder von ihren Eltern bekommen, Wurzeln und Flügel (Johann Wolfgang von Goethe) - *Seite 13, 41*

[4] The basis is the top and the top is the basis. (Shi Yang Ming, Shaolin-Kung Fu-Mönch 34. Generation) Die Basis bildet die Spitze und die Spitze bildet die Basis. - *Seite 14*

[5] Träume sind die Sprache Gottes (Aus „Der Alchimist" von Paulo Coelho) - *Seite 15*

[6] Wenn du etwas fangen willst, musst du es vorher loslassen. Richtig: "Will man etwas fangen, muss man es zuerst loslassen" Das 16. von den insgesamt 36 Strategemen (Verfasser: Chin. General Tan Daoji † 436) - *Seite 15*

[7] Der Weg ist das Ziel (Konfuzius, Begründer des Konfuzianismus (551 v. Chr. – Qufu † 479 v. Chr. – Qufu) - *Seite 16*

[8] Hast du den Verstand verloren? Fragt ihn sein Schüler als ihn sein Meister wortlos über eine Brücke in einen kleinen Bach geworfen hatte. „Ja, und es hat ein Leben lang gedauert." war die Antwort seines Meisters. (Dialog aus dem Film „Peaceful Warrior", Dan Millman mit Nick Nolte) - *Seite 20*

[9] Die Welt sagt: Um etwas zu glauben, musst du es erst sehen. Gott sagt: „Nur wenn du daran glaubst, wirst du es auch sehen. (aus Your Best Live now, Joel Osteen) - *Seite 22, 65*

[10] Stoße die Tür, vor der du dich am meisten fürchtest zuerst auf (Shaolinweisheit, sie besagt dass man Problemen immer direkt begegnen soll um sich so sofort seinen eigenen Ängsten zu stellen) - *Seite 24*

[11] Jede 10 000 li lange Reise beginnt immer mit dem ersten Schritt (Laotse, Tao de King, Begründer des Taoismus) oder: Auch der längste Marsch beginnt mit dem ersten Schritt. - *Seite 24*

[12] Worte die nicht zu Taten werden bringen die Pest (William Blake, englischer Dichter und Naturmystiker 1757 - 1827) - *Seite 25*

[13] Nicht denken, tun! Dialog Morpheus mit Neo, indem er seinen Schüler darauf aufmerksam machte, dass dieser bei den Kampfübungen zu viel darüber nachdachte, wie etwas funktionieren könnte.(Aus dem Film „Die Matrix“) - *Seite 26*

[14] Vorstürmende Truppen, sind nicht mehr aufzuhalten. (Aus dem Buch „Die Kunst des Krieges“ Sun Tsu oder auch Sunzi, Chin. General, Militärstratege und Philosoph, 544 v. Chr.) - *Seite 26*

[15] Schiffe sind im Hafen sicher, aber dafür werden sie nicht gebaut (Autor unbekannt) - *Seite 26*

[16] „Handle immer bevor die Situation eskaliert“. Nach der 4 Stufen-Theorie der Fremdtätervariante aus meinem Selbstverteidigungsprogramm (1. Aufnahme durch Blickkontakt, 2. Verbale Annäherung, 3. körperliche Berührung, 4. Eskalation) - *Seite 27*

[17] Was würde die Liebe tun? Das Gegenteil von Liebe ist Angst, doch was allumfassend ist, kann kein Gegenteil haben (Aus dem Buch „Ein Kurs in Wundern“, Helen Schucman 1909 – 1981). Oder auch: What would Jesus Do, WWJD (oft verwendete Abkürzung evangelischer Christen) - *Seite 28*

[18] **MORE CHI - TRAIN HARDER.** Dieser motivierende Ausspruch aus dem Shaolin Kung Fu bedeutet, dass man bei einem spürbaren Leistungsabfall oder dem Gefühl des Aufgeben Wollens, noch einmal alle Kräfte mobilisieren soll um das zu beenden, was man bereits begonnen hat. (Sifu Shi Yang Ming) - *Seite 32, 54, 111*

[19] „Respect yourself and everyone will respect you". Erst wenn du dich selbst respektierst, wirst du auch von anderen respektiert werden. (Sifu Shi Yang Ming, Shaolin Mönch 34. Generation) - *Seite 32, 48*

[20] Denn, nicht was man in den Händen hält, sondern das, was man im Herzen trägt, erhöht den Wert eines Menschen! (Aus „Samurai Geist" von Thomas Preston) - *Seite 33, 53, 151*

[21] Der einzig nützliche Vergleich ist das Maß des persönlichen Fortschritts: Wie gut war ich vor einem Monat, und wie gut bin ich heute?(Aus „Samurai Geist" von Thomas Preston) - *Seite 34, 147*

[22] Strive not to impress, but express yourself (Joe Wolf´s Lebensslogan, den er auf seiner Reise und vielen Trainingseinheiten mit der Hilfe seines Freundes Cài für sich finden konnte) - *Seite 34*

[23] Wenn du etwas magst, genieße es! Wenn du etwas nicht magst, versuche es zu vermeiden! Wenn du es nicht vermeiden kannst, akzeptiere es! **MIT EINER ÄNDERUNG DEINER EINSTELLUNG KANNST DU ALLES AKZEPTIEREN WAS DU WILLST!** (José Silva, 1914 - 1999, US-amerikanischer Parapsychologe) Ähnlich: Love it, change it or leave it. - *Seite 36, 44, 82*

[24] You give power! Aus einem Rap-Song einer New Yorker Underground Band aus Brooklyn „Artist Unknown" - *Seite 37, 45*

[25] Träume nicht dein Leben sondern lebe deinen Traum: Rocky Horror Picture Show - das Lied am Ende: Don`t dream it - be it. - *Seite 38*

[26] If you stretch your body, you stretch your mind (Sifu Shi Yang Ming) - *Seite 44*

[27] „Und ich habe mich so darauf gefreut!" sagst du vorwurfsvoll, wenn dir eine Hoffnung zerstört wurde. Du hast dich gefreut, ist das nichts? (Marie von Ebner-Eschenbach, österreichische Schriftstellerin (1830-1916) - *Seite 45*

[28] „Irren ist menschlich, vergeben göttlich!" (Eines meiner Lieblingszitate aus dem Film Starsky and Hutch, verwendet von Snoop Dogg „To err is

human but to forgive is divine", Original von Alexander Pope, englischer Dichter und Übersetzer 1688 – 1744) - *Seite 46*

[29] Wer von euch kann mit all seiner Sorge sein Leben auch nur um eine kleine Zeitspanne verlängern? (Neues Testament, Mt 6,27) - *Seite 46, 138*

[30] Stehen sich in einem Kampf zwei gleichwertige Gegner gegenüber gewinnt immer derjenige der manchmal 1 oder 2 Treffer mehr einstecken kann als sein Gegner. D.h. er muss nicht nur eine gute Angriffstechnik besitzen, sondern noch besser im Einstecken sein als sein Gegner! (M. G., mehrfacher Kickbox Weltmeister) - *Seite 48*

[31] Das ist doch logisch! Sagte mein Freund zu seiner 5 Jahre alten Tochter, worauf sie ihn fragte: „Papa, was heißt eigentlich logisch?" Logisch ist wenn der Papa am Sonntag ins Gasthaus geht und dort ein Bier bestellt! (Begriffserklärung von meinem Jugendfreund an seine kleine Tochter) - *Seite 48*

[32] When we talk about self-esteem we say: Respect yourself, and everyone will respect you. But when we talk about judgment, we should say: Respect everyone and you will respect yourself. Erlange zuerst Selbstachtung, indem du nicht urteilst sondern respektierst, dann wirst du dich auch selbst respektieren! Respektierst du dich selbst, wirst du auch von anderen respektiert! (The Circle of Respect by Joe Wolf - siehe S. 78) - *Seite 48*

[33] „Geld allein macht nicht glücklich." Mit diesem Ausspruch verbinde ich einen sehr tragischen und bedauernswerten Vorfall. Im vergangenen Jahr hat sich ein entfernter Bekannter im Alter von 36 Jahren das Leben genommen. Das tragische Detail am Rande, über materielle Dinge hatte und hätte er sich auch in Zukunft niemals Gedanken machen müssen. Seine Familie zählte zu den wohlhabendsten der Stadt. - *Seite 52, 88*

[34] Quij Cuantao. Erste Form im Shaolin Kung Fu - *Seite 55*

[35] Es gibt keine „dummen" Fragen, „dumm" wäre nur Fragen nicht zu stellen. (Eine zum Thema Selbstbewusstsein oftmals verwendete Phrase in meinen Kursen für Schulklassen) - *Seite 55*

[36] **Amitābha** ist der Name eines transzendenten Buddha, dem im gesamten sino-japanischen respektive ostasiatischen Raum höchste Verehrung zuteil wird. - *Seite 57*

[37] "Denke scharf nach und entscheide innerhalb von sieben Atemzügen." Der Begriff „Entscheidung" resultiert aus „das Schwert aus der Scheide ziehen", somit ent - scheiden und war für die damalige Kriegerkaste der Samurai ein wesentlicher Bestandteil ihrer Lebensphilosophie (aus Hagakure, der Weg des Samurai von Tsunetome Yamamoto 1659 – 1719) - *Seite 61*

[38] Wer billig kauft, kauft teuer! (Alte Volksweisheit zum Thema Qualität) - *Seite 62*

[39] Warte, Atme, Denke, Glaube, Tue, Danke! Die Transformations-Formel um Probleme in Herausforderungen umzuwandeln. (Die Formel des Warrior´s of Love, wenn es um anstehende Herausforderungen geht, als Download unter www.zentrum-freiraum.at/editionfreiraum) - *Seite 63*

[40] Denn, nur wer sein Ziel kennt, findet auch den Weg! (Laotse, 6. Jhd. v. Chr.) - *Seite 64, 140*

[41] Only he, who can see the invisible, can do the impossible. Nur wer das Unsichtbare sieht, kann auch das Unmögliche schaffen. (abgewandelter Bibelvers, Autor Frédérick Jézégou) - *Seite 65, 161*

[42] Das Leben ist ein von Gott geschriebenes Buch, lass es auch von Gott schreiben! (Isaak Bashevis Singer) - *Seite 66*

[43] Bittet, dann wird euch gegeben; sucht dann werdet ihr finden; klopft an, dann wird euch geöffnet. Denn wer bittet der empfängt; wer sucht, der findet; und wer anklopft, dem wird geöffnet. (Neues Testament, Mt 7,7-11) - *Seite 66*

[44] Nimm dir Zeit nachzudenken, wenn jedoch die Zeit des Handelns gekommen ist, hör auf zu denken und handle (Andrew Jackson 1767-1845, 7. Präsident der USA) - *Seite 67*

[45] Bist du in Eile, gehe langsam (chinesisches Sprichwort) - *Seite 67*

[46] Dort wo dein Geist bereits ist, wird dein Körper hin folgen (Buddha) - *Seite 67, 111*

[47] Jeder verweigerte Segen verwandelt sich in einen Fluch (aus Paulo Coelho´s „Der Alchimist") - *Seite 68*

[48] Es gibt Zeiten, in denen uns das Leben in die Knie zwingen mag, du verlierst den Halt, stolperst und fällst. Die Zeit, in der es niemanden gibt, an den du dich anlehnen kannst, ist auch die Zeit, in welcher du zu dir selbst findest. Ich weiß wie es sich anfühlt, ich habe es gesehen. Es ist einfach auf einer flachen Straße ohne Hindernisse zu gehen. Hügel und Anstiege wird es immer geben. Gott gab uns die Berge, damit wir Klettern lernen! (Eine schöne Metapher zum Thema Herausforderungen einer amerikanischen Country Band namens Lonestar, Song Mountains) - *Seite 68*

[49] Gelassenheit ist eine anmutige Form des Selbstbewusstseins (Marie von Ebner Eschenbach 1830 – 1916) - *Seite 75*

[50] Was du nicht willst das man dir tut, das füg auch keinem andern zu. (Goldene Regel, auch Grundsatz der praktischen Ethik. 1545 in der Luther Bibel erstmals als Sprichwort verwendet.) Auch: Behandle andere so, wie du auch von ihnen behandelt werden willst. - *Seite 78*

[51] An den Kindern deines Volkes sollst du dich nicht rächen und ihnen nichts nachtragen. Du sollst deinen nächsten lieben wie dich selbst (Altes Testament, Lev. 19,18) - *Seite 78*

[52] The only way to happiness is to be happy (Dalai Lama´s little book of wisdom) - *Seite 87, 154*

[53] „Mittendrin statt nur dabei" – Werbeslogan von DSF - *Seite 91*

[54] Die einzige Konstante im Leben ist die Veränderung (aus The Laws of Spirit, Dan Millman) - *Seite 94, 133*

[55] Die Prinzipien der Kampfkunst (Joe W.O.L.F.). Hast du dich für ein Ziel entschlossen folge ihnen:

a) No Excuses (Keine Ausreden)
b) Move Forward (Bewege dich vorwärts, frage, ergreife Initiative)
c) More Chi (Streng dich an, auch wenn du noch so müde bist)
d) All the way (Gehe immer den gesamten Weg, auch wenn du das Gefühl hast schon vor dem Ziel angekommen zu sein)
e) FINISH STRONG! (Beende kraftvoll, das Ende bleibt dir für den nächsten Anfang in Erinnerung) - *Seite 94, 175*

56 Denn um über die Schönheit eines Weges zu urteilen, bedarf es mehr als nur aus der Tür hinauszusehen. (Paulo Coelho) - *Seite 101*

57 Man kann das Meer nicht überqueren, indem man es einfach nur anstarrt! (Rabindranath Tagore, 1861-1941, erster Nicht Europäer der den Literatur-Nobelpreis erhielt) - *Seite 102*

58 Alles hat seine Zeit, Ursprungszitat: Ein jegliches hat seine Zeit... (aus dem alttestamentlichen Buch Kohelet Prediger Salomo) - *Seite 103*

59 Give your best and HE will do the rest (Joel Osteen´s Your best life now) oder auch: Do your best and the rest will follow. - *Seite 103*

60 Ruht der Körper, soll der Geist nicht untätig sein; ist der Körper in heftiger Bewegung, bleibe der Geist jedoch gelassen. Der Geist darf nie von der Tätigkeit des Körpers weggerissen werden. Das Gleiche gilt auch umgekehrt. Man soll allen Dingen gegenüber stets aufmerksam sein, ohne dabei unruhig zu werden. Lass andere nie deine wahren Absichten durchschauen. (Musashi Myamoto, 1584 - 1645, Buch der Fünf Ringe) - *Seite 104*

61 Es ist besser nichts zu tun, als mit viel Mühe nichts zu schaffen (Laotse) - *Seite 104*

62 Von allen Techniken, Zeit zu sparen, ist vielleicht die häufige Benutzung des Wortes „NEIN“ die effektivste. (Aus: Get things done von Edwin C. Bliss, 1912 – 2002) - *Seite 106*

[63] Wer kämpft kann verlieren, wer nicht kämpft, hat schon verloren! (Bertolt Brecht, 1898 - 1956, deutscher Dramatiker und Theatertheoretiker) - *Seite 109*

[64] Das Leben fordert dich immer heraus. Nimm die Herausforderung an, anstatt dagegen anzukämpfen (Sifu Shi Yang Ming). Jede einzelne Herausforderung wird dir solange gestellt werden bis du sie auflöst, also akzeptiere sie als das, was sie ist, erst dann wird sie sich auch auflösen. (Autor des Nachsatzes: Das Leben) - *Seite 112*

[65] "Ich kann denken. Ich kann warten. Ich kann fasten" (aus „Siddhartha von Hermann Hesse) - *Seite 114*

[66] Hunger ist der beste Koch! (Meine Oma) - *Seite 115*

[67] Stillstand ist der Tod, Bewegung ist Leben (Autor: Das Leben) - *Seite 116*

[68] Geben sie ihrem Geist die Möglichkeit ihnen folgen zu können!
Als das Automobil in den 60er Jahren als das Fortbewegungsmittel der US Amerikaner seine Blüte erlebte, ergab es sich, dass ein am Straßenrand stehender älterer Indianer per Anhalter von einem vorbeifahrenden Wagen mitgenommen wurde. Nach einiger Zeit bat der Indianer den Fahrer anzuhalten. „Ich danke ihnen für die Mitfahrgelegenheit." Er stieg aus und setzte sich auf einen Stein am Straßenrand des verlassenen Highways, Der Fahrer einer junger Bursche, machte sich Sorgen, den älteren Mann hier einfach ohne Wasser bei diesen Temperaturen inmitten dieser trostlosen Gegend sitzen zu lassen. „Geht es ihnen auch wirklich gut?" fragte der junge Mann. „Danke sorgen sie sich nicht um mich, es geht mir gut, ich muss einfach nur auf meinen Geist warten bis er mich wieder eingeholt hat!" - Seite 122

[69] Die Shaolin Formel: Vertrauen und Entschlossenheit, Schnelligkeit, Fähigkeiten, Bewegung. (aus Shaolin Workout by Sifu Shi Yang Ming) - *Seite 125*

[70] Wenn man etwas wirklich will, gibt es immer Wege! Wenn man etwas nicht will, gibt es Ausreden! (Aufgeschnappt von meiner älteren Tochter bei einem Spaziergang, als sie einem Mann beim Telefonieren zuhörte) - *Seite 126*

[71] Wer auf die Jagd nach einem Tiger geht, muss damit rechnen, auch einen Tiger zu finden! (Indisches Sprichwort), oder auch: „Die Geister, die ich rief" (aus „Der Zauberlehrling, J.W. von Goethe) - *Seite 126*

[72] „Darüber Schlafen." Ebenfalls ein von meiner Großmutter oft verwendeter Ausspruch. Sehr hilfreich bei zu treffenden Entscheidung. Eine andere Form des „Abstand" schaffens oder Perspektive änderns. - *Seite 130*

[73] Es gibt auf dieser Welt weder gute noch böse Menschen. Es gibt Lehrer. Es gibt weder positive noch negative Ereignisse. Es gibt Lektionen. (Kern aus „Ein Kurs in Wundern" von Helen Schucman 1909 – 1981 ergänzt durch eine Zusatzinterpretation meines Freundes C.) - *Seite 131*

[74] Feinde zu haben bewirkt in uns immer ein Gefühl des Unbehagens! Es stört unseren inneren Frieden und bringt uns aus dem Gleichgewicht. Betrachten wir diesen Aspekt jedoch von einem anderen Blickwinkel, kann es allerdings ebenso gut bedeuten, dass unsere Feinde uns die Gelegenheit bieten, Geduld und Gelassenheit an ihnen zu erproben und somit zu verbessern. (aus Dalai Lama´s Little book of wisdom) - *Seite 131*

[75] Ignorantia legis non excusat (lat.) Unwissenheit schützt vor Strafe nicht. (aus dem römischen Recht) - *Seite 135*

[76] „Nichts Tun" ist „Tun". Selbst „Nicht zu denken" ist ein Denkprozess. Ebenso kannst du handeln, indem du „nicht handelst". Somit kannst du auch „falsch" zu „richtig" machen. Also handle richtig indem du dich fälschlicherweise für das Nicht-Handeln entscheidest! Denk mal ohne einen einzigen Gedanken darüber nach und entscheide weise! (Koan by Joe W.O.L.F.) - *Seite 138*

[77] Menschen die wissen wer sie sind, und sich so akzeptieren, wie Gott sie geschaffen hat, sind auch resistent gegenüber ihnen entgegengebrachte Beurteilungen oder Vorurteile. Diese Menschen werden auch niemals über andere Menschen richten oder urteilen (From: „The Circle of Respect, by Joe Wolf) - *Seite 148*

[78] Richtet nicht, damit ihr nicht gerichtet werdet! Denn wie ihr richtet, so werdet ihr gerichtet werden und mit dem Maß mit dem ihr messt und zuteilt, wird euch zugeteilt werden! (Neues Testament Mt 7,1-2) - *Seite 148*

[79] Reden ist Silber, Schweigen ist Gold (alte Volksweisheit, Herkunft unbekannt) - *Seite 149*

[80] Jeder Mann (auch Frau) kann seine Sterne neu ordnen! (Aus dem Film „Ritter aus Leidenschaft") - *Seite 156*

[81] God is only limited by our lack of faith. Das Wirken Gottes ist einzig durch unseren Mangel an Glauben und Vertrauen eingeschränkt! (Your best life now, Joel Osteen) - *Seite 158*

[82] Jene die dich nicht begreifen, greifen dich an! (von meinem Freund und Mentor K.H.) - *Seite 159*

[83] Gier ist die Wurzel allen Leids (Buddha) - *Seite 159*

[84] Jeder Angriff ist ein Hilfeschrei nach Liebe (Ein Kurs in Wundern, Greuthof) - *Seite 159*

[85] Menschen tun Böses, damit man vor ihnen Angst hat, so denken sie, dass sie von niemandem angegriffen werden können! (meine ältere Tochter) - *Seite 159*

[86] Reagiere auf Druckbewegungen immer mit einer Zugbewegung und umgekehrt! So kannst du deinen Gegner mit seiner eigenen Kraft besiegen! (Grundprinzip in vielen asiatischen Kampfkünsten) - *Seite 159*

[87] „Kampflos zu siegen" gilt als das höchste Prinzip der Kriegskunst nach Sun Tsu´s, „Die Kunst des Krieges" - *Seite 159*

[88] Kennst Du Dich und deinen Gegner sehr gut, brauchst du dich vor dem Ausgang einer Schlacht nicht zu fürchten. Kennst Du Dich, deinen Gegner allerdings nicht, wirst du für jeden Sieg eine Niederlage erleiden. Kennst Du weder dich, noch deinen Gegner, wirst du in jeder Schlacht unterliegen. (Aus Sun Tsu´s „Die Kunst des Krieges) - *Seite 160*

[89] Jene, die nicht glauben, kannst du nicht überzeugen. Jene die bereits glauben, brauchst du nicht zu überzeugen. (Mein Freund und Mentor K.H.) - *Seite 160*

[90] Der einzige Mist auf dem nichts wächst ist der Pessimist. (Theodor Heuss, erster Bundespräsident Deutschlands) - *Seite 161*

[91] Es gibt vier Arten von Menschen: Solche, die eigentlich nicht wissen, dass sie nichts wissen ...lass sie stehen. Die wissen, dass sie nichts wissen ... hilf ihnen. Die noch nicht wissen, dass sie doch wissen ... hör ihnen zu. Die wissen, dass sie wissen, ... folge ihnen. (Arabisches Sprichwort) - *Seite 161*

[92] Wu Wei: Dieser chinesische Begriff kann als Kernaussage des Taoismus bezeichnet werden. Nicht in das Geschehen einzugreifen und den Dingen den Naturgesetzen gemäß ihren Lauf zu lassen. - *Seite 166, 168*

[93] Was interessiert wird auch registriert! (Von meinem Mentor Alexander) - *Seite 166*

[94] Ziele nach SMART (Specific, Measurable, Achievable (oder Accepted), Realistic and Timely)

S	Spezifisch Ziele müssen eindeutig definiert sein (nicht vage, sondern so präzise wie möglich).
M	Messbar Ziele müssen messbar sein (Messbarkeitskriterien).
A	Akzeptierte Ziele müssen von den Empfängern akzeptiert werden/sein (auch: angemessen, attraktiv oder anspruchsvoll)
R	Realisierbar Ziele müssen erreichbar sein.
T	Terminisierbar zu jedem Ziel gehört eine klare Terminvorgabe, bis wann das Ziel erreicht sein muss.

Quelle: Führung/Führen durch Zielvereinbarung. Ist eine Methode aus der Betriebswirtschaftslehre zur Führung von Mitarbeitern eines Unternehmens, die 1955 von Peter Ferdinand Drucker erfunden wurde. - *Seite 167*

[95] Über das Ziel hinauszuschießen ist ebenso schlimm, wie nie an das Ziel zu kommen! (Konfuzius) - *Seite 168*

[96] „Folge dem Strom, er ist dein Fluss des Lebens!" (Autor: Meine Reise) - *Seite 171*

[97] The purpose of life is to be happy! Der einzige Lebenszweck ist es, „glücklich" zu sein! (His Holiness the XIV Dalai Lama) - *Seite 171*

[98] Die Sprache ist die Quelle der Missverständnisse. (aus der kleine Prinz von Antoine de Saint-Exupéry) - *Seite 176*

[99] Achte auf Deine Gedanken, denn sie werden Worte. Achte auf Deine Worte, denn sie werden Handlungen. Achte auf Deine Handlungen, denn sie werden Gewohnheiten. Achte auf Deine Gewohnheiten, denn sie werden Dein Charakter. Achte auf Deinen Charakter, denn er wird Dein Schicksal. (Aus dem Talmud) - *Seite 177*

[100] Es gibt 4 Dinge, die wir nicht mehr zurückholen können: Der Stein, nachdem er geworfen wurde. Das Wort, nachdem es ausgesprochen wurde. Die Gelegenheit, die nicht ergriffen wurde. Die Zeit, weil sie vorbeigeht. (Autor: Unbekannt) - *Seite 178*

[101] Ihr habt gehört, dass gesagt worden ist, Auge für Auge, und Zahn für Zahn. Ich aber sage euch: Leistet dem, der euch etwas Böses antut, keinen Widerstand, sondern wenn dich einer auf die rechte Wange schlägt, dann halt ihm auch die andere hin. Und wenn dich einer vor Gericht bringen will um dir das Hemd wegzunehmen, dann lass ihm auch den Mantel. Und wenn dich einer zwingen will, eine Meile mit ihm zu gehen, dann geh zwei mit ihm. Wer dich bittet, dem gib und wer von dir borgen will den weise nicht ab. (Mt 5,39) - *Seite 180*

[102] Move forward (don´t look back) (Shi Yang Ming, Shaolinmönch 34. Generation, powered by M.G.) - *Seite 184*

[103] Selbstloses Dienen impliziert nicht Selbstaufgabe! Selbstloses Dienen ist ein aus reinem Herzen kommender Akt! (aus Räuchern mit Buddha und Saint Germain, Martin Gabriele und Wolfgang Hemetsberger) - *Seite 189*

[104] Die buddhistische Erlösungstheorie
In Bezug auf unser Thema heißt Erlösung die Erlösung von der Angst vor dem Tod. Diese Erlösung impliziert aber auch das Ja zum Leben. (Der)

Buddha hingegen verfolgte ein etwas anders Ziel: Er nennt *"vier heilige Wahrheiten"*, die da sind:
1) Alles **Leben ist Leiden**.
2) Leiden entstehen aus **Begierden**.
3) Die **Aufhebung dieser Begierden** führt zur Aufhebung des Leidens und zur Unterbrechung der Kette der Wiedergeburten.
4) Der **Weg zu dieser Befreiung** ist der "heilige achtteilige Pfad": rechtes Glauben, Handeln, Denken, Streben, Gedenken, Reden, Leben, Sich-Versenken. - *Seite 189*

105 Songtext Zitat aus dem Achtungs Baby Album von U2: Every woman needs a man, like a fish needs a bicycle (Song: Try´in to throw your arms around the world) - *Seite 192*

106 Halte deinen Bogen gespannt und du wirst gefürchteter bleiben. (Shaolin Weisheit) - *Seite 194*

107 Wenn du nichts besitzen willst, fürchtest du dich auch nicht davor, dass dir etwas weggenommen werden könnte (Shaolin-Prinzip des Nicht-Besitzen Wollens) - *Seite 196*

108 Sammelt euch nicht Schätze hier auf der Erde, wo Motte und Wurm sie zerstören, und wo Diebe einbrechen und sie stehlen, sondern sammelt euch Schätze im Himmel, denn wo dein Schatz ist, ist auch dein Herz. Sorgt euch nicht um euer Leben und darum, dass ihr etwas anzuziehen habt. Ist nicht das Leben wichtiger als die Nahrung und der Leib wichtiger als die Kleidung? Seht euch die Vögel des Himmels an: Sie säen nicht, sie ernten nicht und sammeln keine Vorräte in Scheunen. (Neues Testament, Mt 6,19 – 21, 25,26) - *Seite 197*

109 Eifersucht ist die Angst verglichen zu werden (Ein Kurs in Wundern - Greuthof) - *Seite 201*

110 Wir zerstören was wir lieben (aus Paulo Coelho´s Der Schutzengel) - *Seite 202*

111 Menschen, seid gewahr, ihr bekamt das Dualsystem nur aus einem einzigen Grund, damit ihr daraus lernt. In Wahrheit gibt es nur Gott, und

somit existiert nur die Liebe! (Meister W. bei einem Channel von Buddha) - *Seite 202*

[112] Das Gegenteil von Liebe ist Angst, doch was allumfassend ist, kann kein Gegenteil haben (Ein Kurs in Wundern - Greuthof) - *Seite 202*

[113] Die Angst aus der Liebe entspringt einzig aus dem, was wir aus der Liebe gemacht haben (Ein Kurs in Wundern - Greuthof) - *Seite 202*

[114] Liebe deinen Nächsten wie dich selbst (Neues Testament, Mk, 12,31) - *Seite 203*

[115] Wahre Liebe bedeutet: So sein zu dürfen wie man ist, und den anderen so sein zu lassen wie er/sie ist. Deshalb „sei“ und lasse „sein!“ (J.W.) - *Seite 203*

[116] WAS ES IST

Es ist Unsinn, sagt die Vernunft
Es ist was es ist, sagt die Liebe

Es ist Unglück, sagt die Berechnung
Es ist nichts als Schmerz, sagt die Angst
Es ist aussichtslos, sagt die Einsicht
Es ist was es ist, sagt die Liebe

Es ist lächerlich, sagt der Stolz
Es ist leichtsinnig, sagt die Vorsicht
Es ist unmöglich, sagt die Erfahrung
Es ist was es ist, sagt die Liebe
(Erich Fried)
- *Seite 205*